Bilanzierung von Pensionen

Wie Sie nach BilMoG richtig bilanzieren

Dr. Friedemann Lucius
Dr. Annekatrin Veit

Inhalt

Vorwort

Mit dem Bilanzrechtsmodernisierungsgesetz (BilMoG) hat das Handelsrecht weitreichende Änderungen erfahren. Insbesondere die Rechnungslegungsvorschriften wurden modernisiert und stärker an die internationalen Rechnungslegungsstandards angepasst. Von den Änderungen betroffen sind auch die Pensionsrückstellungen in der Handelsbilanz. Mit der praktischen Umsetzung des BilMoG treten vielfältige Anwendungs- und Auslegungsfragen auf.

Mit diesem Buch erhalten Sie einen systematischen Überblick über Ansatz, Bewertung und Ausweis von Versorgungsverpflichtungen unter Beachtung der neuen handelsrechtlichen Vorschriften. Zweifelsfragen bei der Auslegung der neuen Regelungen werden geklärt, wobei auch auf die Auffassungen der Finanzverwaltung und der Wirtschaftsprüfer eingegangen wird. Die Darstellung wird durch viele Beispiele und praktische Hinweise ergänzt. Das Buch hat den Stand Februar 2010.

Dr. Friedemann Lucius und Dr. Annekatrin Veit

Die wichtigsten Fragen

1 Warum war eine Reform des Handels-
rechts erforderlich?

Das BilMoG
Entstehung:

29.5.2009 Inkrafttreten

3.4.2009
Zustimmung Bundesrat

26.3.2009
Annahme Bundestag

23.5.2008
Regierungsentwurf

8.11.2007
Referentenentwurf

AON CONSULTING

Bereits mit dem Bilanzrechtsreformgesetz (BilReG) aus dem Jahr 2004 wurde es konzernrechnungslegungspflichtigen Unternehmen erlaubt, den Konzernabschluss mit befreiender

Wirkung nach den Internationalen Rechnungslegungsvorschriften (International Financial Reporting Standards – IFRS)
aufzustellen (§ 315a HGB).

Die IFRS sind auf kapitalmarktorientierte Unternehmen zuge-
schnitten. Sie dienen dem Informationsbedürfnis von Finanz-
analysten, berufsmäßigen Investoren und anderen Kapital-
marktteilnehmern. Da die weit überwiegende Anzahl der
rechnungslegungspflichtigen deutschen Unternehmen den
Kapitalmarkt aber gar nicht in Anspruch nimmt, war es nach
Auffassung des Gesetzgebers nicht zu rechtfertigen, alle
rechnungslegungspflichtigen Unternehmen auf die kostenin-
tensiven und hochkomplexen IFRS zu verpflichten. Mit dem
BilMoG beabsichtigte der Gesetzgeber daher, das Handelsrecht zu einem den internationalen Rechnungslegungsstandards gleichwertigen, aber kostengünstigeren und einfacher
zu handhabenden Regelwerk auszugestalten.

2 Ab wann gelten die Neuregelungen des BilMoG?

Die Änderungen durch das BilMoG sind verpflichtend erstmals in der Handelsbilanz des Geschäftsjahres zu berücksichtigen, das nach dem 31. Dezember 2009 beginnt. Eine frühere Anwendung ist zulässig. Entspricht das Wirtschaftsjahr
dem Kalenderjahr, muss die Handelsbilanz erstmals zum
31. Dezember 2010 nach den neuen handelsrechtlichen Grundsätzen aufgestellt werden. Da dies auch für die Gewinn- und
Verlustrechnung gilt, müssen die bilanziellen Eingangswerte,

sofern sie von den Änderungen betroffen sind, zum 1. Januar 2010 neu bestimmt werden.

3 Wie grenzen sich Pensionsverpflichtungen von anderen Verpflichtungen ab?

Nach dem Betriebsrentengesetz (BetrAVG) besteht eine Pensionsverpflichtung dann, wenn ein Unternehmen als Arbeitgeber einem Arbeitnehmer eine Leistung der Alters-, Invaliditäts- oder Hinterbliebenenversorgung zugesagt hat (§ 1 BetrAVG). Die Zusage kann als Einzel- oder Gesamtzusage erteilt werden, aufgrund einer Betriebsvereinbarung bzw. eines Tarifvertrages erfolgen oder auf Gesetz, Gerichtsurteil, betrieblicher Übung oder Anspruch auf Gleichbehandlung beruhen. Als Arbeitnehmer im Sinne des Betriebsrentengesetzes gelten dabei alle Personen, denen allein aus Anlass ihrer Tätigkeit für das Unternehmen Leistungen zugesagt werden, neben Arbeitnehmern im eigentlichen Sinne auch z. B. Organmitglieder, externe Berater oder Gesellschafter-Geschäftsführer (§ 17 Abs. 1 BetrAVG).

4 Für welche Pensionsverpflichtungen ist eine Pensionsrückstellung in der Handelsbilanz zu bilden?

Eine Pensionsrückstellung muss grundsätzlich für Verpflichtungen aus sog. Direktzusagen gebildet werden, bei denen der Versorgungsberechtigte einen unmittelbaren Rechtsanspruch gegenüber dem zusagenden Arbeitgeber hat (unmittelbare Versorgungsverpflichtung). Wenn der Pensionsberechtigte seinen Rechtsanspruch vor dem 1. Januar 1987 erworben hat, besteht ein Passivierungswahlrecht.

Ebenfalls ein Passivierungswahlrecht besteht für sog. mittelbare Pensionsverpflichtungen. Bei einer mittelbaren Pensionsverpflichtung wird die Leistung nicht unmittelbar durch den Bilanzierenden, sondern durch einen externen Versorgungsträger (Unterstützungskasse, Direktversicherung, Pensionskasse, Pensionsfonds) erbracht. Der Bilanzierende hat aber für die zugesagte Leistung einzustehen, wenn der externe Versorgungsträger diese nicht erbringen kann (§ 1 Abs. 1 Satz 3 BetrAVG).

5 Welche wesentlichen Änderungen ergeben sich durch das BilMoG?

Durch das BilMoG werden die bislang bestehenden Gestaltungs- und Ermessensspielräume bei der Abschätzung der zukünftig erwarteten Leistungsverpflichtung sowie deren Bewertung eingeschränkt, um zu einer realitätsnäheren Bewertung der Pensionsverpflichtungen zu gelangen.

Zweckgebundenes und insolvenzsicheres Deckungsvermögen, wie z. B treuhänderisch auf ein Contractual Trust Arrangement (CTA) ausgelagertes Vermögen, verpfändete Rückdeckungsversicherungen oder verpfändete Wertpapierdepots, muss zukünftig mit der Pensionsrückstellung verrechnet werden (Saldierungsgebot).

6 Wie sind Pensionsrückstellungen künftig zu bewerten?

Rückstellungen sind in Höhe des nach vernünftiger kaufmännischer Beurteilung notwendigen Erfüllungsbetrags anzusetzen. Dieser Betrag wird versicherungsmathematisch durch statistische Bewertungsverfahren geschätzt. Insoweit sich die zukünftig erwartete Gehalts- oder Inflationsentwicklung auf die Höhe der voraussichtlich zu zahlenden Versorgungsleistungen auswirkt, ist dies bei der Schätzung entsprechend zu berücksichtigen. Der erwartete Erfüllungsbetrag ist grundsätzlich abzuzinsen. In der Wahl des Rechnungszinses ist der Bilanzierende nicht frei, sondern an enge gesetzliche Vorgaben gebunden.

Wertpapiergebundene Versorgungszusagen, bei denen sich die Höhe der Versorgungsleistung ausschließlich nach dem beizulegenden Zeitwert von Wertpapieren richtet, sind mit dem beizulegenden Zeitwert dieser Wertpapiere, mindestens jedoch mit dem Wert der garantierten Mindestleistung anzusetzen. Dies gilt für kongruent rückgedeckte Versorgungszusagen analog.

7 Welche Auswirkungen hat das BilMoG auf die Höhe der Pensionsrückstellung?

Bislang war es allgemein üblich und zulässig, in der Handelsbilanz den nach ertragsteuerlichen Grundsätzen (§ 6a EStG) ermittelten sog. Teilwert der Pensionsverpflichtung in der

Handelsbilanz als Mindestwert anzusetzen. Da im steuerlichen Teilwert zukünftig erwartete Erhöhungen der Versorgungsleistungen, die am Bilanzstichtag noch nicht rechtsverbindlich feststehen, nicht berücksichtigt werden dürfen und der fixe steuerliche Rechnungszins von 6,0 % nicht den neuen handelsrechtlichen Vorschriften genügt, wird diese Praxis künftig nicht mehr zulässig sein. Es ist davon auszugehen, dass die nach BilMoG-Grundsätzen ermittelte Pensionsrückstellung in vielen Fällen den steuerlichen Teilwert um ca. 30 %, bei Anwärterbeständen auch deutlich mehr, übersteigt.

8 Wie ist der Übergang auf die Bilanzierung nach BilMoG ausgestaltet?

Wenn aufgrund der geänderten Bewertung der Pensionsverpflichtungen eine Erhöhung der Pensionsrückstellung erforderlich ist, muss dieser Betrag nicht auf einen Schlag aufwands- und rückstellungswirksam zugeführt werden. Vielmehr kann die Zuführung über einen Zeitraum von fünfzehn Jahren bis spätestens zum 31. Dezember 2024 verteilt werden, wobei in jedem Geschäftsjahr mindestens 1/15 des Unterschiedsbetrages zu erfassen ist.

Ist aufgrund der geänderten Bewertung eine Auflösung der Rückstellung erforderlich, darf die bisherige Rückstellung beibehalten werden, wenn der aufzulösende Betrag bis spätestens zum 31. Dezember 2024 wieder zugeführt werden müsste. Wird die Rückstellung aufgelöst, obwohl sie beibehalten werden könnte, sind die aus der Auflösung resultierenden Beträge insoweit erfolgsneutral zu erfassen und unmittelbar in die Gewinnrücklagen einzustellen. Im Gegensatz zu der Verteilungsmöglichkeit bei einem positiven Unterschiedsbetrag, die es ausschließlich bei Pensionsrückstellungen gibt, gilt das Beibehaltungswahlrecht im Falle eines negativen Unterschiedsbetrags für sämtliche Rückstellungen.

9 Hat das BilMoG Auswirkungen auf die Pensionsrückstellung in der Steuerbilanz?

In der Steuerbilanz dürfen Pensionsverpflichtungen, für die handelsbilanziell ein Passivierungswahlrecht besteht (unmittelbare Pensionsverpflichtungen, bei denen der Rechtsanspruch vor dem 1. Januar 1987 entstanden ist) nur passiviert werden, soweit sie in der Handelsbilanz passiviert wurden.

Für Pensionsverpflichtungen, für die handelsbilanziell eine Passivierungspflicht besteht (unmittelbare Pensionsverpflichtungen, bei denen der Rechtsanspruch nach dem 31. Dezember 1986 entstanden ist), ist bislang, d. h. vor Inkrafttreten des BilMoG, eine Passivierungspflicht angenommen worden, sofern die formalen Voraussetzungen des § 6a EStG für die Rückstellungsbildung erfüllt sind. Seit Inkrafttreten des BilMoG wird in der Literatur allerdings teilweise die Auffassung vertreten, dass die steuerlichen Vorschriften des § 6a EStG nicht als steuerlicher Bewertungsvorbehalt, sondern als echtes steuerliches Bewertungswahlrecht zu interpretieren seien. Dadurch würde dem Steuerpflichtigen die Möglichkeit eröffnet, in der Steuerbilanz ggf. auch eine höhere Pensionsrückstellung als in der Handelsbilanz anzusetzen. Dies ist von praktischer Bedeutung in jenen Ausnahmefällen, in denen der steuerliche Teilwert den handelsrechtlichen BilMoG-Wert übersteigt.

Grundlagen

Wer sich mit der Bilanzierung von Pensionsverpflichtungen beschäftigt, sollte einiges Hintergrundwissen haben.

Mit diesem Kapitel werden die arbeitsrechtlichen und wirtschaftlichen Grundlagen gelegt. Sie erfahren u. a.,

- wie eine Pensionsverpflichtung entsteht (S. 14),
- was der Unterschied zwischen unmittelbaren und mittelbaren Pensionsverpflichtungen ist (S. 15) und
- welchem Zweck eine Rückstellung dient (S. 17).

Arbeitsrechtliche Grundlagen

Pensionsverpflichtung

Nach dem Betriebsrentengesetz (BetrAVG) besteht eine Pensionsverpflichtung dann, wenn ein Unternehmen als Arbeitgeber einem Arbeitnehmer eine Leistung der Alters-, Invaliditäts- oder Hinterbliebenenversorgung zugesagt hat (§ 1 BetrAVG). Als Arbeitnehmer im Sinne des Betriebsrentengesetzes gelten dabei alle Personen, denen allein aus Anlass ihrer Tätigkeit für das Unternehmen Leistungen zugesagt werden, neben Arbeitnehmern im eigentlichen Sinne auch z. B. Organmitglieder, externe Berater oder Gesellschafter-Geschäftsführer (§ 17 Abs. 1 BetrAVG).

Rechtsgrundlage

Rechtsgrundlage für eine Pensionsverpflichtung können ein Einzelvertrag (Pensionszusage) oder eine Gesamtzusage, eine Betriebsvereinbarung oder ein Tarifvertrag, ein Gesetz, ein Gerichtsurteil, betriebliche Übung oder ein Anspruch auf Gleichbehandlung sein. Die Pensionsverpflichtung entsteht bei einer Einzel- oder Gesamtzusage mit der entsprechenden Willenserklärung des Arbeitgebers, bei Betriebsvereinbarungen oder Tarifverträgen entsteht die Pensionsverpflichtung dem Arbeitnehmer gegenüber mit dessen Diensteintritt.

Durchführung

Der Arbeitgeber kann eine Zusage auf Leistungen der betrieblichen Altersversorgung unmittelbar selbst durchführen oder aber für die Durchführung einen externen Versorgungsträger einschalten. Als externe Versorgungsträger kommen dabei die Unterstützungskasse, die Pensionskasse, die Direktversicherung oder der Pensionsfonds infrage.

Unmittelbare Pensionsverpflichtung

Eine Pensionsverpflichtung aus einer unmittelbaren Pensionszusage ist dadurch gekennzeichnet, dass

- die Versorgungsberechtigten einen unmittelbaren Versorgungsanspruch gegen den Arbeitgeber erwerben und
- die Erbringung der Versorgungsleistungen direkt durch den Arbeitgeber erfolgt.

Auch wenn der Arbeitgeber einen externen Dienstleister mit der technischen und administrativen Abwicklung der unmittelbaren Versorgungsansprüche beauftragt, verbleibt die Verpflichtung zur Leistungserbringung in vollem Umfang beim Arbeitgeber.

Mittelbare Pensionsverpflichtung

Bei Verpflichtungen aus mittelbaren Pensionszusagen wird die zugesagte Versorgungsleistung nicht vom Arbeitgeber, sondern von einem externen Versorgungsträger (Unterstützungskasse, Direktversicherung, Pensionskasse oder Pensionsfonds) erbracht.

Im Falle von Pensions- und Unterstützungskassen sowie Pensionsfonds wird das zusagende Unternehmen zum Trägerunternehmen der Versorgungseinrichtung.

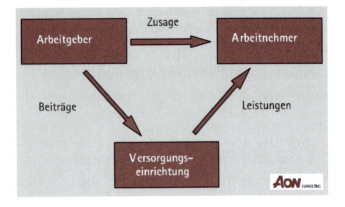

Den Arbeitgeber trifft nur noch die mittelbare Verpflichtung, den externen Versorgungsträger durch entsprechende Beitragszahlungen mit den erforderlichen finanziellen Mitteln auszustatten. Eine Beteiligung der Versorgungsberechtigten an der Beitragszahlung ist sowohl im Wege der Entgeltumwandlung (Verzicht aus Bruttogehaltsbestandteilen) als auch durch Eigenbeiträge (Verzicht aus lohnversteuerten Nettogehaltsbestandteilen) möglich.

Die Primärverpflichtung zur Erfüllung der Versorgungszusage geht auf den externen Versorgungsträger über. Die Verpflichtung zur unmittelbaren Erfüllung der zugesagten Leistungen lebt erst dann wieder auf, wenn die finanziellen Mittel des externen Versorgungsträgers nicht ausreichen und das Trägerunternehmen zur Dotierung weiterer finanzieller Mittel nicht bereit ist (gesetzliche Einstandspflicht gemäß § 1 Abs. 1 Satz 3 BetrAVG).

Die Versorgungsberechtigten richten ihre Erfüllungsansprüche daher grundsätzlich zunächst an den mit der Versorgungsdurchführung beauftragten Versorgungsträger und nicht an den Arbeitgeber.

Wirtschaftliche Grundlagen

Begriff der Rückstellung

Für ungewisse Verbindlichkeiten, die dem Grunde und/oder der Höhe sowie dem Zeitpunkt nach noch nicht sicher feststehen, ist eine Rückstellung zu bilden (§ 249 HGB). Durch die Bildung der Rückstellung (Gewinnminderung) sollen später zu leistende Ausgaben den einzelnen Perioden, in denen die zugehörigen Ansprüche entstanden sind, verursachungsgerecht dem Zeitpunkt der Aufwandsentstehung zugeordnet werden.

Periodengerechte Aufwandserfassung bei unmittelbaren Versorgungsverpflichtungen

Unmittelbare Pensionsverpflichtungen gehören zu den ungewissen Verbindlichkeiten, die aufgrund einer Zusage auf Leistungen der betrieblichen Altersversorgung entstehen. Die Leistungen werden fällig bei Erreichen einer Altersgrenze, Invalidität oder Tod.

Die zugesagten Versorgungsleistungen haben als Soziallohn Vergütungscharakter. Im Sinne einer periodengerechten Aufwandserfassung müssen die Finanzierungskosten für diesen Vergütungsbestandteil dann aufwandswirksam erfasst werden, wenn der Versorgungsberechtigte seine Arbeitsleistung erbringt. Dies geschieht bilanziell über die Bildung einer entsprechenden Pensionsrückstellung.

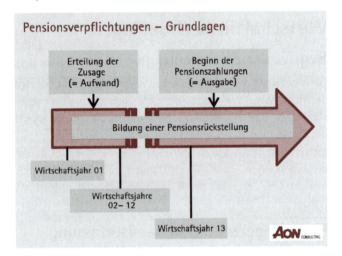

In dieser Rückstellung bindet der Arbeitgeber Kapital für die spätere Auszahlung der Versorgungsleistungen (Anwartschaftsdeckung). Zum Abfluss von Liquidität kommt es erst in der Auszahlungsphase. Insoweit dann die gebildete Pensionsrückstellung verbraucht wird, bleibt der Zahlungsvorgang erfolgsneutral.

Innenfinanzierungseffekt

Das in der Pensionsrückstellung gebundene Kapital ist betriebswirtschaftlich gesehen Fremdkapital, das die Versorgungsberechtigten dem Unternehmen langfristig zur Verfügung stellen.

Der Kapitalaufbau folgt während der Anwartschaftsphase entsprechend den Zuführungen zur Pensionsrückstellung unter Berücksichtigung einer dem Rechnungszins entsprechenden Verzinsung. Die (liquiditätswirksame) Tilgung der Fremdkapitalverpflichtung erfolgt mit der Erfüllung der Leistungsverpflichtungen gegenüber den Versorgungsberechtigten. Die bis zu diesem Zeitpunkt im Unternehmen gehaltene Liquidität kann uneingeschränkt für Investitionen in das operative Geschäft genutzt werden. Dabei bestehen keinerlei Anlagerestriktionen.

Steuerstundungseffekt

Die Zuführungen zur Pensionsrückstellung können steuerlich grundsätzlich als Betriebsausgabe geltend gemacht werden. Dies führt zu einer Minderung der Einkommen- bzw. Körperschaftsteuer des Arbeitgebers und insoweit zur Schöpfung von Liquidität. Die nicht abgeführten Steuerzahlungen können wiederum dazu verwendet werden, die aktuell laufenden Versorgungsleistungen zu bedienen. Dies hat zur Folge, dass laufende Rentenzahlungen in einem Mischbestand mit steigenden Pensionsrückstellungen die Liquidität nicht in voller Höhe belasten. Dieser Effekt kehrt sich jedoch zwangsläufig wieder um, wenn der Rückstellungsverbrauch durch die Steu-

erersparnis aus den Anwartschaftszuwächsen nicht mehr
kompensiert werden kann. Insbesondere in Versorgungswer-
ken, die für Neuzugänge geschlossen wurden, tritt dieser
Effekt nach einigen Jahren unvermeidlich ein.

Zukünftige Liquiditätserfordernisse

Die Pensionsrückstellungen vieler Unternehmen werden innerhalb der nächsten Jahre ihren höchsten Stand erreichen,
womit die oben beschriebenen Steuerstundungseffekte entfallen. Darüber hinaus haben viele Unternehmen die steuer-
bedingten Liquiditätszuwächse in der Vergangenheit für
Investitionen verwendet (z. B. Produktionsanlagen, Firmen-
käufe), die zur Erfüllung der laufenden Zahlungsverpflichtun-
gen nicht zur Verfügung stehen. Dies hat zur Folge, dass die
Versorgungszahlungen in voller Höhe aus dem operativen
Cashflow aufgebracht werden müssen.

Darüber hinaus führen der Personalabbau und die Schließung
zahlreicher Versorgungswerke für Neueintritte dazu, dass
sich immer weniger Versorgungsanwärter einer wachsenden
Zahl an Versorgungsempfängern gegenübersehen. Die Liquiditätsabflüsse für die laufenden Leistungszahlungen erhöhen
sich dadurch beständig, während für die aktiven Mitarbeiter,
die diese Liquidität erwirtschaften müssen, keine entsprechenden Finanzierungsmittel mehr zur Verfügung stehen.

Auslagerung von Vermögen

Vor diesem Hintergrund wird eine reine Innenfinanzierung zunehmend kritisch gesehen. Insbesondere dann, wenn die erwarteten Liquiditätsabflüsse zu einer drohenden Gefahr für die operative Unternehmenstätigkeit werden, im schlimmsten Fall betriebsnotwendiges Vermögen veräußert werden muss, um die Versorgungsverpflichtungen erfüllen zu können, sollte das Unternehmen rechtzeitig handeln und ausreichende Vermögensmittel zweckgebunden auslagern. Dazu kommen in der Praxis typischerweise in Betracht:

- der Abschluss von Rückdeckungsversicherungen,
- die Einrichtung von Wertpapierdepots oder
- die Auslagerung von Vermögen auf einen Treuhänder im Rahmen eines sog. Contractual Trust Arrangements (CTA).

Die dadurch gewonnenen Vorteile, insbesondere im Hinblick auf die zukünftige Liquiditätssteuerung, machen den vorgenannten Innenfinanzierungseffekt allerdings wieder zunichte.

Auslagerung der Verpflichtung

Neben den genannten Formen der Vermögensauslagerung kommen weitere Möglichkeiten der (Aus-)Finanzierung von Pensionsverpflichtungen in Betracht. Diese sind jedoch i. d. R. mit einer Auslagerung der unmittelbaren Versorgungsverpflichtung auf einen externen Versorgungsträger und damit einhergehend dem Wechsel des Durchführungsweges verbunden. Dadurch ändert sich der Verpflichtungscharakter grundlegend: Nicht mehr das zusagende Unternehmen, son-

dern der Versorgungsträger ist zur Erfüllung der Versorgungsleistung primär verpflichtet.

Aufwandserfassung bei mittelbaren Versorgungsverpflichtungen

Bei mittelbaren Versorgungszusagen besteht die Primärverpflichtung des Trägerunternehmens darin, die externe Versorgungseinrichtung mit den erforderlichen finanziellen
Mitteln auszustatten. Insofern stellen die Zuwendungen an
eine Unterstützungskasse, Pensionskasse, Direktversicherung
oder einen Pensionsfonds einen Aufwand der jeweiligen
Periode dar.

Durch die Zuwendungen an den Versorgungsträger werden
die Deckungsmittel bereits während der Anwartschaftszeit
sukzessive aus dem Unternehmen ausgelagert. Dies wiederum
führt zu entsprechenden Liquiditätsbelastungen, wodurch die
Innenfinanzierungseffekte, wie sie bei unmittelbaren Pensionszusagen entstehen, entsprechend gemindert bzw. unter
Umständen sogar vollständig aufgehoben werden. Im Gegen-
zug verringert sich die zukünftige wirtschaftliche Belastung
des Trägerunternehmens entsprechend.

Mittelbare Durchführungswege im Einzelnen

Die vier mittelbaren Durchführungswege unterscheiden sich vor allem im Hinblick auf die steuerliche Behandlung beim Trägerunternehmen, die Besteuerung der Leistungen beim Versorgungsberechtigten, die Finanzierungssicherheit sowie die aufsichtsrechtliche Behandlung. Da die steuerliche Behandlung für die bilanzielle Abbildung weitgehend bedeutungslos ist, liegt der Schwerpunkt der nachfolgenden Ausführungen auf den Finanzierungsunterschieden und der daraus resultierenden Finanzierungssicherheit der mittelbar zugesagten Versorgungsleistungen.

1 Unterstützungskasse

Unterstützungskassen sind rechtlich selbstständige Sozialeinrichtungen in der Rechtsform eines eingetragenen Vereins, einer GmbH oder Stiftung, die durch laufende oder einmalige Zuwendungen eines oder mehrerer Trägerunternehmen finanziert werden. Hinzu kommen Erträge des Kassenvermögens.

Unterstützungskassen gewähren formal keinen Rechtsanspruch auf ihre Leistungen und unterliegen daher im Gegensatz zu Pensionskassen oder Pensionsfonds nicht der Versicherungsaufsicht durch die Bundesanstalt für Finanzdienstleistungsaufsicht (BaFin). Arbeitsrechtlich ist das Fehlen des Rechtsanspruchs allerdings faktisch bedeutungslos, da die Versorgungsleistungen immer durch die Subsidiärhaftung des zusagenden Arbeitgebers abgesichert sind (§ 1 Abs. 1 Satz 3 BetrAVG).

Aufgrund der fehlenden Beaufsichtigung durch die BaFin können Unterstützungskassen frei über ihre Vermögensanlage und ihren Deckungsgrad entscheiden. Verbreitet ist die Kapitalanlage in Rückdeckungsversicherungen. In diesem Fall spricht man auch von einer rückgedeckten, andernfalls von einer polsterfinanzierten Unterstützungskasse.

2 Pensionskasse

Pensionskassen sind rechtlich selbstständige Lebensversicherungsunternehmen, die ausschließlich Leistungen der betrieblichen Altersversorgung gewähren. Sie werden durch Beiträge des Trägerunternehmens und die daraus resultierenden Erträge finanziert.

Bei den Finanzierungsverfahren gibt es beträchtliche Unterschiede: Während die Anbieterpensionskassen großer Lebensversicherer jede einzelne Versorgungsverpflichtung nach dem individuellen Kapitaldeckungsverfahren mit individuell kalkulierten Beiträgen ausfinanzieren, erfolgt die Finanzierung bei betrieblichen Pensionskassen i. d. R. im Wege der kollektiven Kapitaldeckung oder der Umlage. Dies bestimmt im Wesentlichen die Güte der versicherungsförmigen Garantie der Versorgungsleistungen.

Als Lebensversicherungsunternehmen unterliegen Pensionskassen der Versicherungsaufsicht durch die BaFin. Bei der Vermögensanlage müssen sie daher die strengen Anlagevorschriften des Versicherungsaufsichtsgesetzes (VAG) beachten.

Im Unterschied zu einer Unterstützungskasse haben die Versorgungsberechtigten einen eigenständigen Rechtsanspruch gegen die Pensionskasse auf Erfüllung der zugesagten Versorgungsleistungen.

3 Direktversicherung

Direktversicherungen sind Versicherungen auf das Leben eines Versorgungsberechtigten, die ein Arbeitgeber bei einem Lebensversicherer abschließt. Die Versorgungsberechtigten oder deren Hinterbliebene sind hinsichtlich der Leistungen des Versicherungsunternehmens ganz oder teilweise bezugsberechtigt, während der Arbeitgeber Versicherungsnehmer und Beitragszahler ist.

Die Leistungen aus einer Direktversicherung werden regelmäßig im Wege der individuellen Kapitaldeckung mit individuell kalkulierten Beiträgen finanziert und durch den Lebensversicherer versicherungsförmig garantiert. Die Versorgungsberechtigten haben gegen den Lebensversicherer einen eigenständigen Rechtsanspruch auf Erfüllung der zugesagten Leistungen.

4 Pensionsfonds

Pensionsfonds sind rechtsfähige Versorgungseinrichtungen, die im Wege der Kapitaldeckung für einen oder mehrere Arbeitgeber Leistungen der betrieblichen Altersversorgung zugunsten von Versorgungsberechtigten erbringen. Die Versorgungsberechtigten haben gegenüber dem Pensionsfonds einen Rechtsanspruch auf Erfüllung der zugesagten Leistungen.

Von einem Lebensversicherer unterscheidet sich ein Pensionsfonds dahingehend, dass er die Höhe der Leistungen oder
die Höhe der für diese Leistungen zu entrichtenden künftigen
Beiträge nicht für alle vorgesehenen Leistungsfälle versicherungsförmig garantieren darf. Aufgrund dieses Umstandes
werden dem Pensionsfonds im Gegensatz zur Pensionskasse
oder Lebensversicherung größere Freiheiten bei der Kapitalanlage eingeräumt. Die gilt auch für Unterdeckungen, die
nicht sofort ausgeglichen werden müssen, sondern innerhalb
gewisser aufsichtsrechtlich festgelegter Bandbreiten sukzessive geschlossen werden können.

Bilanzierung unmittelbarer Pensionsverpflichtungen

Unmittelbare Pensionsverpflichtungen stellen ungewisse Verbindlichkeiten dar, für die grundsätzlich eine Verpflichtung zur Bildung von Rückstellungen besteht. In diesem Kapitel erfahren Sie,

- in welchen Fällen überhaupt eine Rückstellung gebildet werden muss (S. 28) und wann Sie ein Wahlrecht haben (S. 29),
- in welcher Höhe die Rückstellungen zu bilden sind (S. 31),
- welche Besonderheiten bei wertpapiergebundenen Versorgungszusagen zu beachten sind (S. 41) und
- welche Auswirkungen sich durch das BilMoG auf die Steuerbilanz ergeben (S. 44).

Rückstellungsansatz

Unmittelbare Pensionsverpflichtungen stellen ungewisse Verbindlichkeiten dar, für die grundsätzlich eine Verpflichtung zur Bildung von Rückstellungen besteht (§ 249 Abs. 1 Satz 1 HGB). Verpflichtungen aus unmittelbaren Pensionszusagen, die vor dem 1. Januar 1987 erteilt wurden (sog. Altzusagen) sind allerdings nicht passivierungspflichtig (Art. 28 Abs. 1 EGHGB).

Übersicht

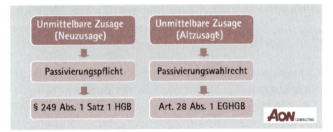

Passivierungspflicht

Handelsrechtlich entscheidend ist die rechtliche (d. h. gesetzliche bzw. vertragliche) oder faktische Verpflichtung des bilanzierenden Unternehmens zur Erbringung der Versorgungsleistungen. Auf die Art des Rechtsbegründungsakts (vertragliche Einzelzusage, Gesamtzusage, Betriebsvereinbarung, Tarifvertrag etc.) oder die Schriftform kommt es dabei nicht an. Auch mündliche Zusagen oder Zusagen auf Grund betrieblicher Übung (z. B. in der Praxis oftmals die Zahlung eines Rentnerweihnachtsgeldes) sind in der Handelsbilanz zu passivieren.

Darüber hinaus ist zu beachten, dass die Verpflichtung zur Leistungserbringung in der Bilanzperiode entstanden sein muss. Da die Versorgungsleistungen grundsätzlich für die Arbeitsleistung des Versorgungsberechtigten zugesagt werden, ist bilanziell davon auszugehen, dass die Versorgungsansprüche und damit die Leistungsverpflichtung mit der dienstlich erbrachten Gegenleistung einhergehen. Insoweit besteht ab Erteilung der Versorgungszusage grundsätzlich eine Passivierungspflicht.

Wartezeitklauseln oder die Möglichkeit des Widerrufs der Versorgungszusage berühren die Passivierungspflicht nicht.

Passivierungsverbot

Keine passivierungsfähige Versorgungsverpflichtung besteht, wenn die Versorgungszusage lediglich unverbindlich in Aussicht gestellt wurde oder von einem künftigen ungewissen Ereignis abhängt, welches der Bilanzierende beeinflussen kann. Gleiches gilt für Leistungsverpflichtungen, die gegenüber zukünftigen Neueintritten entstehen können.

Passivierungswahlrecht

Unmittelbare Pensionszusagen, die vor dem 1. Januar 1987 erteilt worden sind, sind von der Passivierungspflicht ausgenommen. Gleiches gilt, wenn sich vor dem 1. Januar 1987 erworbene unmittelbare Versorgungsansprüche später aufgrund von Anwartschaftszuwächsen oder Rentenanpassungen erhöhen.

Sofern Altzusagen nicht passiviert werden, müssen Kapitalgesellschaften sowie offene Handels- und Kommanditgesellschaften i. S. d. § 264a HGB allerdings den entsprechenden Fehlbetrag im Anhang des Einzelabschlusses und im Konzernanhang angeben (Art. 28 Abs. 2 EGHGB i. V. m. Art. 48 Abs. 6 EGHGB).

Für ein den tatsächlichen Verhältnissen entsprechendes Bild der Vermögens-, Finanz- und Ertragslage ist die Passivierung der unmittelbaren Pensionsverpflichtungen unabdingbar. Kapitalgesellschaften bilden daher mittlerweile auch für ihre vor dem 1. Januar 1987 erteilten Versorgungszusagen regelmäßig Pensionsrückstellungen in der Handelsbilanz. Insofern kommt dem Passivierungswahlrecht für Altzusagen in der Praxis nur noch geringe Bedeutung zu.

Auflösungsverbot

Eine einmal gebildete Pensionsrückstellung darf handelsrechtlich nur dann aufgelöst werden, wenn der Grund für die Bildung entfallen ist (§ 249 Abs. 3 Satz 2 HGB). Dies ist regelmäßig der Fall, wenn die Versorgungsverpflichtung

- durch Ausscheiden eines Versorgungsanwärters mit verfallbarer Anwartschaft bzw. Tod eines Versorgungsberechtigten ohne Hinterbliebene erlischt,

- auf einen neuen Arbeitgeber übertragen wird oder

- durch Zahlung der zugesagten Versorgungsleistungen erfüllt bzw. durch Zahlung eines Kapitalbetrags an den Versorgungsberechtigten abgefunden und die Rückstellung insoweit „verbraucht" wird.

Eine Rückkehr zum Ausweis der Pensionsverpflichtungen aus Altzusagen im Anhang bei gleichzeitiger Auflösung der gebildeten Pensionsrückstellung ist handelsrechtlich nicht möglich.

Bewertung von Pensionsverpflichtungen

Notwendiger Erfüllungsbetrag

Rückstellungen sind in Höhe des nach vernünftiger kaufmännischer Beurteilung notwendigen Erfüllungsbetrages anzusetzen (§ 253 Abs. 1 Satz 2 HGB).

Im Fall von Pensionsverpflichtungen ist der neu in das Handelsrecht aufgenommene „notwendige Erfüllungsbetrag" als Erwartungswert der Versorgungsleistungen zu interpretieren. Die Zahlungsströme, die hinsichtlich des Eintrittszeitpunktes sowie der Höhe nach ungewiss sind, müssen dabei versicherungsmathematisch geschätzt („best estimate") und mit einem handelsrechtlich zulässigen Rechnungszins auf den Bilanzstichtag abgezinst werden.

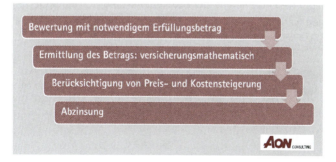

Sterbetafeln

Für die Ermittlung des notwendigen Erfüllungsbetrages müssen grundlegende biometrische Annahmen getroffen werden, insbesondere hinsichtlich der Sterblichkeit, der Invalidisierung oder des Pensionierungszeitpunktes. Werden Hinterbliebenenleistungen zugesagt, so spielt es auch eine Rolle, ob bei Eintritt des Versorgungsfalls ein anspruchsberechtigter Hinterbliebener vorhanden ist und über welchen Zeitraum dieser voraussichtlich Leistungen beziehen wird.

Die jeweiligen Ausscheide- bzw. Verheiratungswahrscheinlichkeiten werden aus statistisch relevantem Datenmaterial gewonnen und in sog. Sterbetafeln aufbereitet. Für die Bewertung betrieblicher Versorgungsverpflichtungen werden in Deutschland derzeit üblicherweise die sog. Richttafeln RT 2005 G von Klaus Heubeck verwendet. Dabei handelt es sich um sog. Generationensterbetafeln, die dadurch gekennzeichnet sind, dass die jeweiligen Ausscheidewahrscheinlichkeiten nicht nur je Alter und Geschlecht, sondern für jeden einzelnen Geburtsjahrgang ermittelt werden. Damit soll der zunehmenden Erhöhung der Lebenserwartung Rechnung getragen werden.

Beispiel

 Die Lebenserwartung einer 65-jährigen Frau (Jahrgang 1945) beträgt im Jahr 2010 nach RT 2005 G ca. 22,4 Jahre. Eine im Jahr 2010 35-jährige Frau (Jahrgang 1975) hat nach RT 2005 G im Jahr 2040 demgegenüber eine Lebenserwartung von ca. 26,2 Jahren.

Fluktuation

Für die Höhe der zukünftig erwarteten Versorgungsleistung ist entscheidend, ob der Versorgungsfall voraussichtlich bei einem aktiven oder einem zuvor mit unverfallbarer Anwartschaft ausgeschiedenen Versorgungsberechtigten eintritt. Insofern ist bei der Bewertung das erwartete Fluktuationsverhalten in Abhängigkeit vom Alter und/oder der Dienstzeit auf der Grundlage von Branchenwerten oder unternehmensspezifischen Erfahrungen zu berücksichtigen. Eine pauschale Berücksichtigung der Fluktuation dadurch, dass – wie beim steuerlichen Teilwert gem. § 6a EStG – eine Rückstellung überhaupt erst ab einem bestimmten Mindestalter gebildet wird, ist handelsrechtlich nach BilMoG nicht mehr zulässig.

Gehalts- und Rententrend

Die Verwendung des Begriffes „notwendiger Erfüllungsbetrag" impliziert, dass künftige Preis- und Kostensteigerungen bei der Rückstellungsermittlung zwingend zu berücksichtigen sind. Sofern die Zusage gehaltsabhängig ist, sind daher die künftig erwarteten Steigerungen der pensionsfähigen Gehälter, ggf. auch der Beitragsbemessungsgrenzen abzuschätzen. Dabei ist auch ein Karrieretrend zu berücksichtigen, sofern dieser eine über die Regelgehaltserhöhung hinausgehende Gehaltssteigerung darstellt, die im Rahmen des üblichen Beförderungsgeschehens und unter Beibehaltung der bestehenden Zusage erfolgt.

Im Fall von Rentenzusagen ist darüber hinaus die voraussichtliche Anpassung der zukünftigen Versorgungsleistungen abzuschätzen. Insoweit diese an die Preisentwicklung gekoppelt ist, wird sie in der Größenordnung des mittelfristigen Inflationsziels der Europäischen Zentralbank von derzeit knapp unter zwei Prozent liegen.

Bewertung von inaktiven Versorgungsberechtigten

Verpflichtungen, für die eine Gegenleistung nicht mehr zu erwarten ist, d. h. Anwartschaften unverfallbar Ausgeschiedener sowie laufende Leistungen nach Eintritt des Versorgungsfalls, sind mit ihrem Barwert zu bewerten. Der Barwert stellt dabei den auf den Bilanzstichtag abgezinsten Wert aller voraussichtlich zu zahlenden Versorgungsleistungen dar.

Wirtschaftlich bedeutet dies, dass die Versorgungsverpflichtungen durch eine auf dieser Grundlage gebildete Pensionsrückstellung theoretisch ausfinanziert sind und sich der Verpflichtungsumfang nur noch durch Zinszuschreibungen sowie Rückstellungsverbräuche bzw. -auflösungen verändert.

Bewertung von aktiven Versorgungsberechtigten

Für aktive Versorgungsanwärter kann die Rückstellung nicht in Höhe des vollen Leistungsbarwertes angesetzt werden, da dies zu einer betriebswirtschaftlich unangemessenen Belastung des Bilanzierenden führen würde. Das Bewertungsverfahren muss so gestaltet sein, dass die Mittelansammlung verursachungsgerecht über denjenigen Zeitraum verteilt wird, in dem der Versorgungsberechtigte seine Gegenleistung erbringt.

Damit führen insbesondere solche Bewertungsmethoden zu handelsrechtlich zulässigen Ansätzen, die sich am arbeitsrechtlichen Erdienensverlauf orientieren.

Projected Unit Credit Method

Als Bewertungsmethode kommt insbesondere die aus der internationalen Bewertung bekannte Anwartschaftsbarwertmethode (Projected Unit Credit Method) in Betracht. Dieses Verfahren bewertet die Versorgungsanwartschaften mit dem Barwert der zum Bilanzstichtag erdienten Pensionsansprüche. Was dabei als zum Bilanzstichtag erdienter Pensionsanspruch angesehen werden soll, hängt von der Art der Zusage ab. Folgende Ansätze kommen in der Praxis am häufigsten vor:

- nach Planformel erdiente Anwartschaft: Dieser Anwartschaftsbegriff ist z. B. für beitragsorientierte Zusagen sinnvoll, bei denen sich die Anwartschaften aus jährlich zu erdienenden Versorgungsbausteinen ergeben. In diesem Fall entspricht die erreichte Anwartschaft der kumulierten Bausteinsumme.

- degressiv-ratierlich erdiente Anwartschaft: Dabei wird die nach Eintritt des Versorgungsfalls voraussichtlich zu erbringende Leistung mit einem Erdienensquotienten gewichtet. Der Quotient ergibt sich, indem die aktuell erreichte Dienstzeit ins Verhältnis zur bei Eintritt des jeweiligen vorzeitigen Versorgungsfalls erreichbaren Dienstzeit gesetzt wird. Insoweit führt das degressiv-ratierliche Verfahren zu einer Gleichverteilung des Leistungsverlaufs über die aktive Dienstzeit.

Der periodische Dienstzeitaufwand entspricht bei der PUC-Methode dem Barwert der in der Periode neu hinzuerdienten Anwartschaft.

Teilwert–Methode

Beim Teilwertverfahren wird der Leistungsbarwert mittels konstanter oder gleichmäßig steigender Prämien über die Dienstzeit finanziert. Der Teilwert ist dabei definiert als der Barwert der künftigen Pensionsleistungen abzüglich des Barwerts betragsmäßig gleich bleibender Jahresbeträge, jeweils bezogen auf den Bilanzstichtag. Hierbei sind die Jahresbeträge so zu bemessen, dass zu Beginn des Wirtschaftsjahres, in dem das Dienstverhältnis begonnen hat, ihr Barwert gleich dem Barwert der künftigen Pensionsleistungen ist.

Der Jahresbetrag hat insoweit den Charakter einer fiktiven Versicherungsprämie, die als Gegenleistung für die Tätigkeit des Versorgungsberechtigten zu erbringen ist. Damit wird eine Gleichverteilung der Kosten vom Beginn des Arbeitsverhältnisses bis zum Eintritt des Versorgungsfalles erreicht.

Der periodische Dienstzeitaufwand entspricht bei der Teilwertmethode näherungsweise der Teilwertprämie.

Vergleich der Bewertungsverfahren

Das Teilwertverfahren hatte handelsrechtlich bisher den höchsten Verbreitungsgrad, da es das einzige für den steuerlichen Ansatz zulässige Bewertungsverfahren ist und die meisten Unternehmen vor Inkrafttreten des BilMoG den steuerlichen Ansatz auch in die Handelsbilanz übernommen haben.

Das Teilwertverfahren ist für die handelsrechtliche Bewertung bei bestimmten Zusageformen allerdings kritisch zu sehen. Dies gilt insbesondere dann, wenn Finanzierungs- und Erdienensverlauf zu stark voneinander entkoppelt werden. So sollten beitragsorientierte Zusagen, bei denen sich der arbeitsrechtliche Erdienensverlauf nach der Planformel richtet (also nicht zeitratierlich bestimmt wird), nicht nach der unmodifizierten Teilwertmethode bewertet werden. Entsprechendes gilt auch für Entgeltumwandlungszusagen gegen Einmalverzicht sowie in Situationen, wo nach der Umstellung auf ein neues Versorgungswerk Besitzstände aus Altzusagen aufrechterhalten werden.

Modifikationen des Teilwertverfahrens können dieses Manko wieder beheben. Die PUC-Methode hat demgegenüber allerdings den Vorzug, dass sie ohne Modifikationen universell anwendbar ist. Darüber hinaus führt sie bei ansonsten gleichen Bewertungsannahmen zu niedrigeren Rückstellungswerten.

Bewertungsstetigkeit

Die einmal gewählte Bewertungsmethode ist nach dem Grundsatz der Bewertungsstetigkeit beizubehalten (§ 252 Abs. 1 Nr. 6 HGB). Eine Durchbrechung dieses Grundprinzips ist nur möglich, wenn dadurch ein besserer Einblick in die Vermögens-, Finanz- und Ertragslage gewährt wird. Der Wechsel der Bewertungsmethode sollte in jedem Fall mit dem versicherungsmathematischen Sachverständigen sowie dem Wirtschaftsprüfer im Vorfeld abgestimmt werden.

Abzinsung

Die Leistungsverpflichtung des Arbeitgebers erstreckt sich über sehr lange Zeiträume, mitunter über mehrere Jahrzehnte. Für den Handelsbilanzierer entscheidend ist die Frage, wie viel die in Zukunft erwarteten Versorgungszahlungen am Bilanzstichtag wert sind. Der notwendige Erfüllungsbetrag ist daher auf den Bilanzstichtag abzuzinsen.

Rechnungszins

Mit der Einführung des BilMoG werden die Ermessensspielräume bei der Wahl des Diskontierungszinses (Rechnungszins) erheblich eingeschränkt. Danach sind Rückstellungen grundsätzlich mit einem der Restlaufzeit der Verpflichtung entsprechenden durchschnittlichen Marktzinssatz der vergangenen sieben Geschäftsjahre abzuzinsen (§ 253 Abs. 2 Satz 1 HGB). Die Abzinsungszinssätze werden von der Deutschen Bundesbank nach Maßgabe der Rückstellungsabzinsungsverordnung (RückAbzinsV) ermittelt und monatlich unter www.bundesbank.de (Rubrik Sachgebiete: Statistik; Zinsen, Renditen; Abzinsungszinssätze gemäß § 253 Abs. 2 HGB) veröffentlicht. Die Restlaufzeit der Verpflichtung ist dabei versicherungsmathematisch als zukünftig erwarteter Zahlungsschwerpunkt (mittlere Duration) zu interpretieren.

Veröffentlichungen der Deutschen Bundesbank

Die Zinssätze für Restlaufzeiten von zwischen einem Jahr und bis 50 Jahren werden auf Basis der Daten des letzten Handelstages des Monats aus einer Null-Kupon-Euro-

Zinsswapkurve ermittelt und um einen Aufschlag erhöht. Die Berechnung des Aufschlags erfolgt anhand eines breiten Rendite-Indexes für Euro-Unternehmensanleihen aller Laufzeiten mit einer hochklassigen Bonitätseinstufung.

Beispiel

Abzinsungszinssätze für Restlaufzeiten von 3 Jahren sowie von 15 Jahren:

	Restlaufzeit	
	3 Jahre	15 Jahre
31.12.2008	4,23 % p. a.	5,25 % p. a.
31.01.2009	4,24 % p. a.	5,26 % p. a.
28.02.2009	4,24 % p. a.	5,27 % p. a.
31.03.2009	4,24 % p. a.	5,28 % p. a.
30.04.2009	4,24 % p. a.	5,29 % p. a.
31.05.2009	4,23 % p. a.	5,29 % p. a.
30.06.2009	4,22 % p. a.	5,29 % p. a.
31.07.2009	4,20 % p. a.	5,28 % p. a.
31.08.2009	4,19 % p. a.	5,28 % p. a.
30.09.2009	4,18 % p. a.	5,27 % p. a.
31.10.2009	4,17 % p. a.	5,26 % p. a.
30.11.2009	4,16 % p. a.	5,25 % p. a.
31.12.2009	4,15 % p. a.	5,25 % p. a.
31.01.2010	4,14 % p. a.	5,24 % p. a.
Quelle: Deutsche Bundesbank		

Praxistipp

Die Durchschnittsbildung erfolgt über die letzten 84 Monate, sodass Zinsbewegungen innerhalb der letzten zwei bis drei Monate vor dem Bilanzstichtag sich in der Regel nicht wesentlich auf den Rechnungszins auswirken können. Es bestehen daher keine handelsrechtlichen Bedenken, die Bewertung der Pensionsverpflichtungen zeitlich entsprechend vorzuziehen.

Unterschiede zwischen BilMoG und IFRS

Der nach BilMoG-Grundsätzen ermittelte Rechnungszins ist zwar ein marktnaher Zins, aber aufgrund der mehrjährigen Durchschnittsbildung kein Stichtagszins im Sinne der IFRS. Die Durchschnittsbildung vermeidet zwar eine nicht gewünschte starke Volatilität des Verpflichtungsumfangs in der Handelsbilanz, führt aber dazu, dass die nach IFRS-Grundsätzen bewertete Verpflichtung i. A. nicht in die Handelsbilanz übernommen werden kann.

Vereinfachungswahlrecht

Die Ermittlung der mittleren Duration für einen Verpflichtungsbestand für Zwecke der Rechnungszinsbestimmung bedeutet zusätzlichen Aufwand. Für Pensionsrückstellungen oder Rückstellungen für vergleichbare langfristig fällige Verbindlichkeiten ist es handelsrechtlich zulässig, die Abzinsung vereinfachend mit dem durchschnittlichen Marktzinssatz vorzunehmen, der sich bei einer angenommenen Restlaufzeit von 15 Jahren ergibt (§ 253 Abs. 2 Satz 2 HGB).

Dieses Wahlrecht gilt auch dann, wenn die tatsächliche mittlere Duration deutlich geringer oder deutlich höher als fünfzehn Jahre ausfallen sollte. Damit dürfen auch Verpflichtungen aus Altersteilzeitvereinbarungen und Zeitwertkonten, Vorruhestands-, Sterbe- und Treugeldverpflichtungen sowie Jubiläumsverpflichtungen unabhängig von ihrer tatsächlichen Restlaufzeit mit einem Rechnungszins bewertet werden, der einer angenommenen Restlaufzeit der Verpflichtung von fünfzehn Jahren entspricht. In diesen Fällen ist aber zu empfehlen, den Rechnungszins fristenkongruent zu wählen.

Wertpapiergebundene Versorgungszusagen

Besondere Vorschriften bestehen für die handelsrechtliche Bewertung von Verpflichtungen aus wertpapiergebundenen Versorgungszusagen.

Begriffliche Abgrenzung

Wertpapiergebundene Versorgungszusagen sind Pensionszusagen, bei denen sich die zugesagten Leistungen ausschließlich nach dem beizulegenden Zeitwert von Wertpapieren des Anlagevermögens wie Aktien, Genussscheinen, Pfandbriefen, Obligationen, Schuldverschreibungen, Indexpapieren oder Fondsanteilen bestimmt (§ 266 Abs. 2 A.III.5. HGB).

Da die zugesagten Leistungen als betriebliche Altersversorgung erbracht werden, muss der Arbeitgeber regelmäßig ein Mindestniveau, z. B. die Summe der (fiktiv oder tatsächlich) aufgewendeten Beiträge mit oder ohne Garantieverzinsung, gewährleisten. Insoweit wird die ausschließliche Bindung an den Zeitwert von Wertpapieren wieder relativiert.

Bewertung der Verpflichtung

Rückstellungen für Verpflichtungen aus wertpapiergebundenen Zusagen sind mit dem beizulegenden Zeitwert der Referenz-Wertpapiere anzusetzen. Erreicht der Zeitwert am Bilanzstichtag den Wert der Mindestgarantie nicht, ist der Wert der garantierten Mindestleistung maßgeblich (§ 253 Abs. 1 Satz 3 HGB). Diese Bewertungsvorschrift gilt unabhängig davon, ob die Wertpapiere vom Arbeitgeber tatsächlich gehalten werden.

Bewertung der Wertpapiere

Hat der Arbeitgeber tatsächlich vollständig in die Referenz-Wertpapiere investiert, können diese ebenfalls mit dem beizulegenden Zeitwert angesetzt werden, wenn sie saldierungspflichtiges Deckungsvermögen (§ 246 Abs. 2 HGB) darstellen.

Erfüllen die Referenz-Wertpapiere die Anforderungen an saldierungspflichtiges Deckungsvermögen nicht, so ist die Argumentation komplizierter. Danach müssen die Altersversorgungsverpflichtungen als Grundgeschäft und die korrespondierenden Wertpapiere als Sicherungsinstrument zunächst zu einer Bewertungseinheit zusammengefasst werden (§ 254 HGB). Die bilanzielle Erfassung erfolgt dann nach der sog. Durchbuchungsmethode, bei der die Verpflichtung in Höhe des beizulegenden Zeitwertes des korrespondierenden

Vermögens passiviert und die Vermögensgegenstände in gleicher Höhe aktiviert werden; eine Saldierung erfolgt nicht.

Voll-kongruent rückgedeckte Versorgungszusagen

Richten sich die zugesagten Versorgungsleistungen ausschließlich nach den Versicherungsleistungen aus einer Rückdeckungsversicherung und sind die Finanzierungsstände aus der Rückdeckungsversicherung (beitragsfreie Leistung) und aus der Anwartschaft (erdienter Anspruch nach § 2 BetrAVG) jederzeit vergleichbar (voll-kongruente Rückdeckung), so liegt zwar keine wertpapiergebundene Zusage im formalen Sinn vor; dennoch gelten die Bewertungsvorschriften für wertpapiergebundene Zusagen analog.

Praxistipp

Vollständig kongruent gedeckte Versorgungszusagen müssen für die Handelsbilanz nicht mehr separat bewertet werden. Ein entsprechendes versicherungsmathematisches Gutachten ist insoweit entbehrlich. Für steuerliche Zwecke ist die Bestimmung des Teilwertes allerdings weiterhin erforderlich.

Sonstige rückgedeckte Versorgungszusagen

Die bislang im Sprachgebrauch der Wirtschaftsprüfer gleichfalls als kongruent rückgedeckt klassifizierten Zusagen, bei denen eine Leistungszusage nachträglich mit einer Rückdeckungsversicherung hinterlegt wurde, die die Versorgungsleistungen mehr oder weniger exakt abbildet, fallen nicht unter die vorgenannte Kongruenz-Definition. Insofern dürfte eine analoge Anwendung der Regelungen wertpapiergebundener Zusagen handelsrechtlich problematisch sein.

In diesen Fällen erscheinen folgende Bewertungsansätze handelsrechtlich zulässig:

- Die zugesagte Leistung wird unabhängig vom Wert der Rückdeckungsversicherung vollumfänglich nach BilMoG-Grundsätzen bewertet. Dem steht der Wert der Rückdeckungsversicherung gegenüber, der nach Maßgabe der einschlägigen Bewertungsgrundsätze für Anlagevermögen bestimmt wird.

- Werden Teile der Versorgungszusage durch die Rückdeckungsversicherung voll-kongruent gedeckt, so kann die Zusage für Bewertungszwecke geteilt werden: Der nicht rückgedeckte Teil der Versorgungszusage wird dann nach BilMoG-Grundsätzen bewertet, während der rückgedeckte Teil als „teilkongruent gedeckte Versorgungsverpflichtung" mit dem Zeitwert der Rückdeckungsversicherung angesetzt wird.

Steuerliche Auswirkungen des BilMoG

Maßgeblichkeit

Nach dem Grundsatz der Maßgeblichkeit der Handelsbilanz für die Steuerbilanz (§ 5 Abs. 1 Satz 1 EStG) dürfen Versorgungsverpflichtungen, für die in der Handelsbilanz ein Passivierungswahlrecht besteht (d. h. Verpflichtungen aus vor dem

1. Januar 1987 erteilten unmittelbaren Zusagen) in der Steuerbilanz nicht passiviert werden, soweit die Versorgungsverpflichtungen in der Handelsbilanz nicht passiviert worden sind (Passivierungsverbot). Soweit in der Handelsbilanz eine Passivierungspflicht besteht (d. h. für Verpflichtungen aus nach dem 31. Dezember 1986 erteilten unmittelbaren Versorgungszusagen), wurde bislang auch in der Steuerbilanz eine Passivierungspflicht angenommen, sofern die formalen Voraussetzungen des § 6a Abs. 1 und 2 EStG (Schriftform, kein schädlicher Widerrufsvorbehalt, keine Gewinnabhängigkeit der Leistungen, Mindestalter der Versorgungsanwärter zum Bilanzstichtag etc.) erfüllt waren.

Änderungen durch das BilMoG

Durch das BilMoG wurde der Maßgeblichkeitsgrundsatz mit einem einschränkenden Zusatz versehen, der dann eine Ausnahme von der Maßgeblichkeit der Handelsbilanz für die Steuerbilanz vorsieht, wenn im Rahmen eines steuerlichen Wahlrechts ein anderer Ansatz gewählt wurde (§ 5 Abs. 1 Satz 1 EStG).

§ 6a EStG sieht ein solches – bislang wegen des uneingeschränkten Maßgeblichkeitsgrundsatzes nicht zum Tragen gekommenes – Ansatzwahlrecht (eine „Rückstellung ... darf ... gebildet werden ...") vor. Damit würde jetzt für Neuzusagen ein unabhängiges steuerliches Passivierungswahlrecht gelten. Dies hätte zur Folge, dass künftig in der Steuerbilanz auch ein die handelsbilanzielle Rückstellung übersteigender Betrag ausgewiesen werden könnte.

Für den Fall, dass die Finanzverwaltung die Existenz eines steuerlichen Ansatzwahlrechtes verneint und die Formulierung des § 6a EStG lediglich als steuerlichen Vorbehalt interpretiert, besteht das Risiko, dass ein über dem handelsrechtlichen Ansatz liegender steuerlicher Teilwert mit Verweis auf das Maßgeblichkeitsprinzip in der Steuerbilanz nicht anerkannt und die Übernahme des handelsrechtlichen Wertes in die Steuerbilanz verlangt wird.

Dem könnte in der Praxis begegnet werden, indem der handelsrechtliche Ansatz auf den steuerlichen Teilwert angehoben wird. Damit geht allerdings formal ein Verstoß gegen die expliziten Bewertungsvorschriften des § 253 HGB einher, weshalb die Wirtschaftsprüfer dem kritisch gegenüberstehen dürften.

Bilanzierung vermögensgedeckter Pensionsverpflichtungen

Die Vermögenswerte auf der Aktivseite und die Pensionsverpflichtungen auf der Passivseite müssen grundsätzlich getrennt ausgewiesen und bewertet werden. Dies gilt auch dann, wenn die Vermögenswerte zur Erfüllung der Pensionsverpflichtungen bestimmt sind.

In diesem Kapitel wird aufgezeigt,

- unter welchen Voraussetzungen das BilMoG eine Saldierung beider Positionen erlaubt (S. 48),
- wann saldierungsfähiges Deckungsvermögen vorliegt (S. 48) und
- welche Gestaltungsmöglichkeiten es in der Praxis gibt (S. 51).

Saldierungsverbot

In der Handelsbilanz dürfen Posten der Aktiv- und Passivseite grundsätzlich nicht miteinander verrechnet werden (Saldierungsverbot). Davon ausgenommen sind lediglich Forderungen und Verbindlichkeiten, bei denen Schuldner und Gläubiger zusammenfallen.

Deckungsvermögen

Für unmittelbare Altersversorgungs- und vergleichbare langfristig fällige Verpflichtungen hat der Gesetzgeber in Anlehnung an internationale Rechnungslegungsvorschriften im BilMoG eine Ausnahme vom handelsrechtlichen Saldierungsverbot geschaffen. Danach müssen Vermögensgegenstände, die

- dem Unternehmen als Eigentümer wirtschaftlich zuzurechnen sind (wirtschaftliches Eigentum),
- dem Zugriff aller übrigen Gläubiger entzogen sind (Zugriffsfreiheit) und
- ausschließlich der Erfüllung von Schulden aus Altersversorgungs- oder vergleichbaren langfristig fälligen Verpflichtungen dienen (Zweckexklusivität),

(sog. Deckungsvermögen) zwingend mit den zugehörigen Schulden verrechnet werden (§ 246 Abs. 2 Satz 2 HGB).

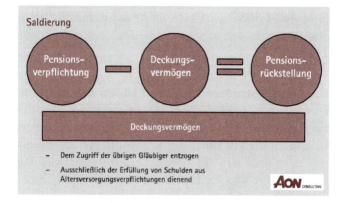

Zugriffsfreiheit

Dem Zugriff aller übrigen Gläubiger entzogen ist ein Vermögensgegenstand, wenn dem Versorgungsberechtigten im Falle der Insolvenz des Bilanzierenden ein Aussonderungsrecht (§ 47 InsO) zusteht. Der Versorgungsberechtigte hat dann einen Anspruch auf Herausgabe des Vermögensgegenstandes.

Ein Absonderungsrecht (§ 49 InsO), welches z. B. bei einer Verpfändung besteht, kann bei wirtschaftlich vergleichbarem Schutz ebenfalls hinreichend sein. In diesem Fall hat der Versorgungsberechtigte einen Anspruch auf exklusive Befriedigung seines Anspruchs aus dem Vermögensgegenstand, aber keinen Anspruch auf Herausgabe.

Vermögen, das die Voraussetzungen zur Sicherung von Zeitwertguthaben aus Altersteilzeit- oder Langzeitkonten erfüllt

(§ 7e Abs. 2 SGB IV), ist auch im handelsrechtlichen Sinne insolvenzsicher.

Zweckexklusivität

Das Deckungsvermögen muss bei regulärem Geschäftsgang, also außerhalb einer Insolvenz, zur Erfüllung (und nicht nur zur Finanzierung) der Versorgungsverpflichtungen verwendet werden. Insoweit ist Vermögen, das nicht frei veräußert werden kann, ohne dass die eigentliche Unternehmensaufgabe davon berührt wird (betriebsnotwendiges Vermögen; insbesondere Produktionsanlagen) als Deckungsvermögen ungeeignet. Ebenfalls ausgeschlossen sind eigene Aktien oder Vermögensgegenstände, deren Erträge nicht zweckexklusiv verwendet werden müssen.

Wirtschaftliches Eigentum

Deckungsvermögen kann es nur im Zusammenhang mit unmittelbaren Verpflichtungen geben. Vermögensgegenstände, die von einem externen Versorgungsträger gehalten werden, stellen kein Deckungsvermögen dar, da sie sich nicht im wirtschaftlichen Eigentum des Trägerunternehmens befinden und zudem Leistungen betreffen, die als mittelbare Versorgungsverpflichtungen nicht Bestandteil des notwendigen Erfüllungsbetrages sind.

Das juristische Eigentum ist für die Zuordnung als Deckungsvermögen dagegen unbeachtlich. Gestaltungsformen wie die doppelstöckige Treuhand, bei denen das juristische Eigentum auf einen fremden Dritten übergeht, während das wirtschaftliche Eigentum beim Unternehmen verbleibt, sind daher möglich.

Gestaltungsformen in der Praxis

Verpfändungsmodelle

Um Vermögensgegenstände des Anlagevermögens in zweckexklusives und insolvenzsicheres Deckungsvermögen umzuwidmen, greifen viele Unternehmen auf die individuelle Verpfändung zurück. Dies betrifft in der Praxis vor allem Rückdeckungsversicherungen und Wertpapierdepots, insbesondere im Bereich der Entgeltumwandlung.

Wirkungsweise der Verpfändung

Bei entsprechender Ausgestaltung wird für die Versorgungsberechtigten nach herrschender Meinung ein Absonderungsrecht am jeweiligen Deckungsvermögen begründet.

Solange die Insolvenz nicht eingetreten ist, stehen die Veräußerungserlöse und Erträge aus dem verpfändeten Vermögen dem Arbeitgeber insoweit zu, als ihm dadurch bereits geleistete Versorgungszahlungen erstattet werden. Die Verpfändung der Vermögensgegenstände an den Versorgungsberechtigten (bzw. dessen versorgungsberechtigten Ehegatten oder Lebenspartner) kommt erst bei Nichtleistung des Arbeitgebers trotz Fälligkeit der Versorgungsverpflichtung, z. B. bei Eintritt der Insolvenz des Arbeitgebers, zum Tragen.

Soweit durch die verpfändeten Vermögensgegenstände gesetzlich insolvenzgeschützte Versorgungsanwartschaften bzw. -ansprüche gesichert werden, handelt es sich um akzessorisch mit dem Leistungsversprechen verbundene Sicherungsrechte, die im Insolvenzfall im Rahmen des gesetzlichen Forderungsübergangs (§ 9 Abs. 2 BetrAVG i. V. m. §§ 412, 401 BGB) auf den Träger der gesetzlichen Insolvenzsicherung, den Pensions-Sicherungs-Verein a. G. (PSV), übergehen. Dieser wird dadurch zum Begünstigten aus der jeweiligen Vermögensmasse. Soweit durch die verpfändeten Vermögensgegenstände nicht PSV-geschützte Versorgungsanwartschaften bzw. -ansprüche gesichert werden, werden die Versorgungsberechtigten zu unmittelbar Begünstigten, deren Ansprüche bei Fälligkeit exklusiv aus dem Pfandgut befriedigt werden.

Rückdeckungsversicherungen

Begriffliche Abgrenzung

Rückdeckungsversicherungen sind Versicherungen auf das Leben der Versorgungsberechtigten, die der Arbeitgeber bei einem Lebensversicherungsunternehmen gegen Zahlung einer laufenden oder einmaligen Versicherungsprämie abschließt. Bezugsberechtigt aus den Versicherungsleistungen ist allein der Arbeitgeber. Der Versorgungsberechtigte ist nicht Vertragspartei und hat zunächst selbst keinerlei Ansprüche gegen den Rückdeckungsversicherer. Dadurch unterscheidet sich die Rückdeckungsversicherung grundlegend von der Direktversicherung, bei der sich die Ansprüche des Versorgungsberechtigten unmittelbar gegen den Lebensversicherer richten.

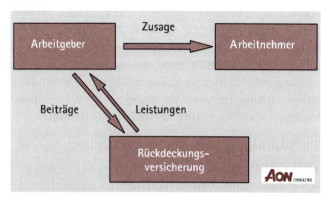

Kapitalgedeckte Rückdeckungsversicherungen stellen eine Finanzinvestition des Arbeitgebers dar, durch die Vermögensmittel zur Erfüllung der Versorgungsverpflichtungen bereitgestellt werden. Rückdeckungsversicherungen können so abgeschlossen werden, dass sie die Verpflichtung des Arbeitgebers

- vollständig (sog. kongruente Rückdeckung) bzw.
- teilweise (sog. partielle Rückdeckung)

abdecken.

Funktion von Rückdeckungsversicherungen

Rückdeckungsversicherungen können zur Absicherung hoher Einzelrisiken (etwa Invaliditäts- oder Hinterbliebenenrente für einen Geschäftsführer), mitunter auch zur partiellen oder kongruenten Rückdeckung der Altersrente und damit zur Absicherung des Langlebigkeitsrisikos eingesetzt werden. Wirtschaftlich erfüllen sie damit im Wesentlichen eine Ergebnisglättungsfunktion zur Begrenzung des Verlustrisikos. Dies gilt insbesondere für den Fall, dass bei den vorzeitigen Versorgungsfällen Tod oder Invalidität hohe Renten fällig werden und die Pensionsrückstellung häufig in nicht unerheblichem Maße aufzustocken ist (Bilanzsprungrisiko).

Verpfändung von Rückdeckungsversicherungen

Durch Verpfändung der Rückdeckungsansprüche an den Versorgungsberechtigten (und ggf. dessen Ehegatten bzw. Lebenspartner) kann eine zusätzliche Insolvenzsicherung für diejenigen Personen erreicht werden, deren Versorgungsansprüche nicht gesetzlich insolvenzgeschützt sind (z. B. Gesellschafter-Geschäftsführer, Vorstände mit Versorgungsansprüchen oberhalb der gesetzlichen Sicherungsgrenze, Arbeitnehmer, deren jährlicher Entgeltumwandlungsbetrag vier Prozent der Beitragsbemessungsgrenze in der gesetzlichen Rentenversicherung übersteigt).

Durch die Verpfändung werden die Leistungen aus einer Rückdeckungsversicherung i. d. R. zweckexklusiv und insolvenzsicher gebunden, sodass insoweit saldierungspflichtiges Deckungsvermögen entsteht.

Wertpapierdepots

Begriffliche Abgrenzung

Anstelle einer Rückdeckungsversicherung können Pensionsverpflichtungen auch mit Wertpapieren bedeckt werden. Gegenüber der klassischen Rückdeckungsversicherung könnte sich
hierbei eine bessere Rendite ergeben. Allerdings ist kein Risiko-
schutz (z. B. für den Invaliditäts- oder Todesfall) gegeben.

In der Praxis spielen Wertpapierdepots vor allem in jenen
Fällen eine Rolle, bei denen der Arbeitgeber den Gegenwert
des Wertpapierdepots, mindestens jedoch die eingezahlten
Beiträge mit oder ohne Garantieverzinsung unmittelbar zu-
sagt (wertpapiergebundene Zusage). Beim zusagenden Arbeitgeber verbleibt dann das (nicht zu unterschätzende) Risiko,
dass der Wert des Wertpapierdepots unterhalb der eingezahlten Beiträge zzgl. einer etwaigen Garantieverzinsung bleibt.

Verpfändung von Wertpapierdepots

Für die Verpfändung von Wertpapierdepots gilt das zur Verpfändung von Rückdeckungsversicherungen Gesagte analog.
Insbesondere entsteht durch die Verpfändung i. d. R. saldierungspflichtiges Deckungsvermögen.

Contractual Trust Arrangements (CTA)

In den letzten Jahren sind durch die internationale Rechnungslegung sog. „Contractual Trust Arrangements" (CTA) in Mode gekommen.

Begriffliche Abgrenzung

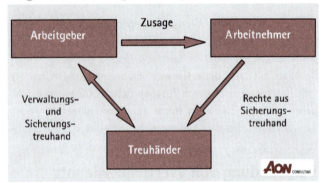

Bei einem CTA in Form der Doppeltreuhand lagert das zusagende Unternehmen als Treugeber Vermögenswerte zweckbestimmt auf einen Treuhänder, meist in Form eines eingetragenen Vereins, bisweilen aber auch als GmbH oder Stiftung, aus. Der Treuhänder darf als Verwaltungstreuhänder die erhaltenen Vermögensmittel (Treugut) ausschließlich zur Finanzierung der zugrunde liegenden Pensionsverpflichtungen verwenden. Eine Rückübertragung von Treuhandvermögen auf den Treugeber darf nur insoweit erfolgen, als dadurch bereits gezahlte Versorgungsleistungen erstattet werden oder die Mittel nicht mehr zur Erfüllung der zugehörigen Versorgungsverpflichtungen benötigt werden.

Im Insolvenzfall schützt der Treuhänder die Vermögenswerte als Sicherungstreuhänder vor dem Zugriff der Gläubiger, indem er ein Absonderungsrecht am Treugut geltend macht.

Echter Vertrag zugunsten Dritter

Der Arbeitgeber als Treugeber schließt ferner mit dem Treuhänder in der Treuhandvereinbarung einen Vertrag zu Gunsten der Versorgungsberechtigten ab (echter Vertrag zu Gunsten Dritter gemäß § 328 Abs. 1 BGB). Darin wird festgelegt, dass im Sicherungsfall der Versorgungsberechtigte einen eigenen Sicherungsanspruch gegenüber dem Sicherungstreuhänder geltend machen kann.

Vorteilhaftigkeit von CTA-Modellen

Neben der Insolvenzsicherung, insbesondere für nicht gesetzlich insolvenzgeschützte Versorgungsleistungen, bieten CTA-Modelle folgende weitere Vorzüge:

- Wirtschaftlich sind die treuhänderisch ausgelagerten Vermögensgegenstände weiterhin dem Treugeber zuzurechnen. Durch die vertraglich festgelegte zweckexklusive Verwendung des Treuhandvermögens sowie die nach herrschender Meinung bestehende Insolvenzsicherheit wird CTA-Vermögen i. d. R. zu saldierungspflichtigem Deckungsvermögen.

- Die Kapitalanlage kann im Sinne eines risikoorientierten Liquiditätsmanagements auf die Zahlungsströme aus den

Verpflichtungen abgestimmt werden, um den operativen Cashflow in der Zukunft zielgerichtet und planmäßig zu entlasten.

- Die Kapitalanlage kann unter Abwägung von Ertragschancen und Kapitalanlagerisiken optimal auf die Bedürfnisse und Risikotragfähigkeit des Unternehmens abgestimmt werden.

- Die Kapitalanlage kann im Sinne einer risikoorientierten Aktiv-Passiv-Steuerung so ausgerichtet werden, dass es zu einem wertmäßigen Gleichlauf von Vermögen und Verpflichtung in der Bilanz kommt. Außerhalb wertpapiergebundener Zusagen ist dieses Ziel praktisch aber kaum zu verwirklichen.

- Durch Auslagerung auf ein CTA kann freies Vermögen dem Zugriff institutioneller Anleger (z. B. Private Equity-Gesellschaften) entzogen werden, deren Geschäfts- bzw. Finanzierungsmodelle oftmals vorsehen, vorhandene Liquidität für die Bedienung einer etwaigen Fremdfinanzierung einzusetzen.

- Gegenüber der Verpfändung besteht der Vorzug einer CTA-Konstruktion ferner darin, dass es keiner individualvertraglichen Vereinbarung zwischen dem Arbeitgeber und dem Versorgungsberechtigten bedarf. Stattdessen werden die Versorgungsrechte im Wege eines Vertrags zugunsten Dritter kollektiv gesichert, ohne dass die einzelnen Versorgungsberechtigten eingeschaltet werden müssen.

Bewertung des Deckungsvermögens

Beizulegender Zeitwert

Etwaiges saldierungspflichtiges Deckungsvermögen ist mit dem beizulegenden Zeitwert zu bewerten (§ 253 Abs. 1 Satz 4 HGB).

Der Zeitwert ist in der Regel als Marktwert zu bestimmen. Ist kein Marktwert verfügbar oder überhaupt kein aktiver Markt vorhanden, muss der Zeitwert grundsätzlich mit geeigneten Methoden (z. B. Discounted Cashflow-Methode o. ä.) geschätzt werden. Erst, wenn dies nicht mit vertretbarem Aufwand möglich sein sollte, erfolgt die Bewertung zu den fortgeführten Herstellungs- bzw. Anschaffungskosten.

Praxistipp

Die Bewertung von Deckungsvermögen zum Zeitwert führt zu einer Volatilität, der keine entsprechenden Schwankungen des Verpflichtungsumfangs gegenüberstehen. Sofern diese Wertschwankungen in der Handelsbilanz unerwünscht sind – immerhin sind sie in voller Höhe ergebniswirksam zu erfassen –, sollten keine volatilen Aktiva zur Deckung der Versorgungsverpflichtung herangezogen werden oder entsprechende Absicherungsgeschäfte getätigt werden.

Zeitwert von Rückdeckungsversicherungen

Rückdeckungsversicherungen werden in der Handelsbilanz bislang mit ihrem Aktivwert bzw. dem geschäftsplanmäßigen Deckungskapital zzgl. etwaiger bereits zugeteilter Überschüsse aktiviert. Dieser Wertansatz entspricht den fortgeführten Anschaffungskosten, also der untersten Hierarchiestufe für die Ermittlung von Zeitwerten.

Praxistipp

Es ist handelsrechtlich kaum zu rechtfertigen, wenn die versicherungsver-
traglich vorgeschriebene Beteiligung der Versicherungsnehmer an den
Bewertungsreserven des Versicherers sowie eine etwaige Schlussgewinn-
beteiligung aus der Zeitwertermittlung ausgeklammert werden. Die Unternehmen sollten sich daher künftig in den Statusmitteilungen des Versicherers nicht nur den steuerlichen Aktivwert, sondern auch den beizulegenden Zeitwert, mindestens den Anteil an den Bewertungsreserven sowie
an dem Schlussüberschussanteilfonds ausweisen lassen.

Beispiel

 Ein Unternehmen passiviert in seiner Handelsbilanz zum
31. Dezember 2010 eine nach BilMoG-Grundsätzen bewertete
Pensionsrückstellung i. H. v. 10 Mio. EUR. Dieser Pensionsrückstellung stehen auf der Aktivseite Fondsanteile mit Anschaffungskosten von 6 Mio. EUR und andere Vermögensgegenstände gegenüber. Auf die Fondsanteile entfallen Bewertungsreserven von 2,5 Mio. EUR. Zum 1. Januar 2011 gründet das Unternehmen einen Pension Trust e.V. und lagert die Fondsanteile
treuhänderisch aus.

Die Handelsbilanz zum 31. Dezember 2010 bleibt von der
Vermögensauslagerung noch unberührt. Zum 1. Januar 2011
muss das Unternehmen jedoch seine nunmehr CTA-gedeckten
Pensionsverpflichtungen dahingehend neu bewerten, dass die
Anschaffungskosten des Deckungsvermögens erfolgswirksam
um 2,5 Mio. EUR auf den Zeitwert von 8,5 Mio. EUR angehoben
und dieser mit der Pensionsrückstellung von 10 Mio. EUR
verrechnet wird. Danach beträgt die zu bilanzierende Rückstellung 10 Mio. EUR abzgl. 8,5 Mio. EUR = 1,5 Mio. EUR. Nach der
Gewinnausschüttung am Ende des Geschäftsjahres muss ein
ausschüttungsgesperrter Betrag von mindestens 2,5 Mio. EUR
in den frei verfügbaren Rücklagen verbleiben.

Bilanzierung mittelbarer Pensionsverpflichtungen

Werden Versorgungszusagen über eingeschaltete Versorgungsträger abgewickelt, spricht man von mittelbaren Pensionsverpflichtungen. Für diese müssen keine Pensionsrückstellungen gebildet werden. Etwaige Unterdeckungen müssen aber im Anhang angegeben werden.

In diesem Kapitel erfahren Sie,

- wann eine Unterdeckung vorliegt (S. 62),
- wie die Unterdeckung zu bewerten ist (S. 65) und
- wie aus einer unmittelbaren Pensionszusage eine mittelbare Pensionszusage werden kann (S. 67).

Ansatzvorschriften

Passivierungswahlrecht

Für Verpflichtungen aus mittelbaren Versorgungszusagen besteht ein Passivierungswahlrecht (Art. 28 Abs. 1 Satz 2 EGHGB). Danach muss im Falle einer Unterdeckung des eingeschalteten Versorgungsträgers das Trägerunternehmen grundsätzlich keine Rückstellung in Höhe der nach handelsrechtlichen Grundsätzen bewerteten Deckungslücke passivieren. Dies gilt auch dann, wenn das Trägerunternehmen dem externen Versorgungsträger nicht in ausreichendem Maße Vermögensmittel zur Deckung der Versorgungsverpflichtungen zur Verfügung gestellt hat. Wird keine Rückstellung gebildet, so ist der Betrag der Unterdeckung im Anhang anzugeben (Art. 28 Abs. 2 EGHGB); eine Negativanzeige ist nicht erforderlich.

Unterdeckung

Eine Unterdeckung ist definitionsgemäß der nach vernünftiger kaufmännischer Beurteilung notwendige Erfüllungsbetrag, den das bilanzierende Unternehmen als Trägerunternehmen eines externen Versorgungsträgers in Bezug auf seine mittelbaren Versorgungszusagen voraussichtlich zu leisten hat.

Nicht versicherungsförmig garantierte Leistungen

Oftmals spricht der Versorgungsträger eine versicherungsförmige Garantie aus, finanziert diese aber lediglich nach einem kollektiven Kapitaldeckungsverfahren aus (z. B. Betriebspensionskassen) oder aber er fungiert im Wesentlichen als Kapitalsammelstelle, ohne für die über ihn zugesagten Leistungen eine versicherungsförmige Absicherung zu gewährleisten (z. B. polsterfinanzierte Unterstützungskassen, nicht versicherungsförmig gedeckte Pensionsfonds). In diesen Fällen entspricht es vernünftiger kaufmännischer Beurteilung, den notwendigen Erfüllungsbetrag in Höhe der nach BilMoG-Grundsätzen bewerteten zugesagten Versorgungsleistungen abzgl. des Zeitwertes des Kassen- oder Pensionsfondsvermögens zu bestimmen.

Versicherungsförmig garantierte Leistungen

Sind die über den externen Versorgungsträger zugesagten Leistungen dagegen versicherungsförmig abgesichert und im Wege der individuellen Kapitaldeckung finanziert (z. B. Direktversicherung, Anbieterpensionskassen, versicherungsförmig gedeckte Pensionsfonds, aber auch kongruent rückgedeckte Unterstützungskassen), entspricht es vernünftiger kaufmännischer Beurteilung, den notwendigen Erfüllungsbetrag aus der Differenz der insgesamt zugesagten Versorgungsleistung und der erwarteten Versicherungsleistung zu bestimmen. Hierbei ist allerdings immer auch der aktuelle Ausfinanzierungsgrad der Versicherungsleistungen zu berücksichtigen, d. h. Inkongruenzen zwischen Erdienens- und Finanzierungsprozess müssen bei der Bestimmung der Unterdeckung in Betracht gezogen werden.

Praxistipp

Den Wirtschaftsprüfern kommt es vor allem auf den Kapitalstock bzw. das Vermögen des Versorgungsträgers an. Tatsächlich sind diese Größen im Fall der versicherungsförmigen Finanzierung für das bilanzierende Unternehmen in der Regel nicht nur weitgehend intransparent (z. B. bei Lebensversicherungsunternehmen bzw. Pensionskassen, die kein verbundenes Unternehmen sind), sondern von untergeordneter Bedeutung. Entscheidend sind vor allem die Güte und Sicherheit des Leistungsversprechens des zugrunde liegenden Versicherungsträgers.

Allerdings ist die Bestimmung einer Unterdeckung durch Bewertung der Netto-Versorgungsleistung deutlich aufwendiger als die bloße Ermittlung der Differenz zwischen dem Erfüllungsbetrag der Versorgungsverpflichtung und dem beizulegenden Zeitwert des (Rückdeckungs-)Versicherungsvertrages.

Im Fall der nicht vollständigen versicherungsförmigen Deckung sollte daher mit dem Wirtschaftsprüfer abgestimmt werden, ob er der einfachen Methode zustimmt. Dies gilt insbesondere dann, wenn die Unterdeckung nicht passiviert, sondern nur im Anhang angegeben werden soll.

Insoweit die versicherungsförmig gesicherten und die insgesamt zugesagten Versorgungsleistungen übereinstimmen, besteht die primäre Erfüllungspflicht des bilanzierenden Unternehmens lediglich darin, definierte, periodengerechte Beiträge an den externen Versorgungsträger zu zahlen. In diesem Fall liegt es nahe, den notwendigen Erfüllungsbetrag für eine Unterdeckung nur in Höhe des Barwerts erwarteter Zusatzbeiträge oder Nachschüsse anzusetzen.

Ansatzstetigkeit

Das Passivierungswahlrecht kann nicht jährlich neu ausgeübt werden. Dem steht der Grundsatz der Ansatzstetigkeit (§ 246 Abs. 3 HGB) entgegen.

Wurden mittelbare Versorgungsverpflichtungen bislang in der Handelsbilanz passiviert, so muss auch nach dem BilMoG die Passivierung fortgeführt werden, allerdings mit ggf. abweichenden Wertansätzen. Der Übergang von der Anhangangabe zur Passivierung ist jederzeit möglich, da auf diese Weise ein verbesserter Einblick in die Vermögens-, Finanz- und Ertragslage gewährt wird (§ 264 Abs. 2 HGB).

Bewertung

Allgemeine Grundsätze

Die Bewertung einer Unterdeckung erfolgt nach den gleichen Grundsätzen wie die Bewertung einer unmittelbaren Versorgungsverpflichtung. Insofern gelten die Vorschriften für die Wahl der Rechnungsgrundlagen, insbesondere für die Wahl des Rechnungszinses, analog.

Im Hinblick auf das Kassenvermögen bzw. den Wertansatz für die versicherungsförmig abgesicherten Leistungen kann eine analoge Behandlung zu den vermögensgedeckten unmittelbaren Versorgungsverpflichtungen erfolgen. Im Endergebnis können damit Unterdeckungen aus mittelbaren Verpflichtungen und Unterdeckungen aus vermögensgedeckten unmittelbaren Verpflichtungen nach den gleichen Grundsätzen und Verfahren ermittelt werden.

Auswirkungen des BilMoG

Die Behandlung mittelbarer Verpflichtungen in der Handelsbilanz wird durch das BilMoG dem Grunde nach nicht berührt. Die geänderten Bewertungsvorschriften können dazu führen, dass eine etwaige Unterdeckung sich wertmäßig deutlich erhöht bzw. überhaupt erstmals sichtbar wird.

Besonders in letzterem Fall sind Überraschungen möglich. Denn bislang wurde i. d. R. der unzureichende steuerliche Teilwert mit seinem hohen Rechnungszins von 6 % und der fehlenden Berücksichtigung von Gehalts- und Rententrends als Wertmaßstab für den Verpflichtungsumfang herangezogen. Dieser Umstand hat in vielen Fällen verschleiert, dass in Wirklichkeit eine Unterdeckung vorliegt und das Trägerunternehmen aus seinen mittelbaren Verpflichtungen in Zukunft über die regulären Beitragzahlungen hinaus wirtschaftlich belastet ist.

Praxistipp

Im Zusammenhang mit der Umstellung auf das BilMoG sollte eine umfassende Bestandsaufnahme der mittelbaren Versorgungsverpflichtungen erfolgen. In allen Fällen, in denen die Finanzierung der mittelbar zugesagten Versorgungsleistungen nicht zweifelsfrei und ohne nennenswertes Nachschussrisiko versicherungsförmig garantiert ist, sollte Rücksprache mit dem Aktuar und dem Wirtschaftsprüfer gehalten werden.

Inanspruchnahme aus der Subsidiärhaftung

Hat ein Trägerunternehmen die erklärte Absicht, im Fall einer finanziellen Schieflage des Versorgungsträgers die Subsidiärhaftung nicht greifen, sondern die Finanzierung weiterhin über den mittelbaren Durchführungsweg laufen zu lassen, müssen etwaige Unterdeckungen grundsätzlich nicht passiviert werden. Etwaige fällige Zusatzbeiträge oder Nachschüsse sind nach allgemeinen Bilanzierungsgrundsätzen als Verbindlichkeiten zu passivieren.

Besteht die Verpflichtung jedoch darin, dass das bilanzierende Unternehmen einen Teil der ursprünglich mittelbar zugesagten Leistungen in Zukunft unmittelbar zu erbringen hat, weil dem externen Versorgungsträger die finanziellen Mittel für die dauernde Erfüllbarkeit der Verpflichtung fehlen und auch nicht mehr zugewendet werden, ist also insoweit praktisch ein Wechsel des Durchführungswegs erfolgt, dann ist keine Zahlungsverbindlichkeit, sondern eine Pensionsrückstellung zu passivieren.

Übergang von der unmittelbaren zur mittelbaren Verpflichtung

Auslagerung der Verpflichtung

Wird eine unmittelbare Versorgungszusage vollumfänglich auf einen externen Versorgungsträger, z. B. einen Pensionsfonds, übertragen, so geht die primäre Leistungsverpflichtung auf den externen Versorgungsträger über. In diesem Fall wird nicht nur Vermögen, sondern die eigentliche Versorgungsverpflichtung ausgelagert, sodass die unmittelbare in eine mittelbare Versorgungszusage überführt wird.

Die arbeitsrechtliche Subsidiärhaftung des Unternehmens (§ 1 Abs. 1 Satz 3 BetrAVG), also die Verpflichtung, die Versorgungsleistungen als Sekundärschuldner zu erbringen, wenn der externe Versorgungsträger (aus welchen Gründen auch immer) die Zusage nicht erfüllt, besteht zwar weiterhin.

Sie stellt jedoch allenfalls eine zum Zeitpunkt der Verpflichtungsübertragung nicht quantifizierbare und daher nicht zu passivierende Eventualverbindlichkeit dar.

Rückstellungsauflösung

Handelsrechtlich ist der Grund für die Bildung einer Pensionsrückstellung soweit entfallen, wie sich das Unternehmen durch Zuwendungen an einen externen Versorgungsträger seiner Versorgungsverpflichtung entledigt hat und dieser danach als Primärschuldner für die Versorgungsleistungen aufkommt. Die Pensionsrückstellung kann daher nicht automatisch in Höhe des Dotierungsbetrags aufgelöst werden. Fällt die durch den externen Versorgungsträger übernommene Versorgungsverpflichtung geringer aus als die zum Übertragungszeitpunkt erdiente und ausfinanzierte unmittelbare Versorgungsleistung, so ist nur in Höhe der Differenz der Grund zur Bildung einer Pensionsrückstellung nicht entfallen. Die vollständige Auflösung der handelsrechtlich gebildeten Pensionsrückstellung ist in diesem Fall nicht angezeigt, und zwar auch dann nicht, wenn die Zuwendung an den externen Versorgungsträger höher ausfällt als die infrage stehende Pensionsrückstellung.

Beispiel

 Gegen Zahlung eines Einmalbeitrags von 10 Mio. EUR überträgt ein Unternehmen alle laufenden Betriebsrenten auf einen Pensionsfonds. Die Pensionsrückstellung von 10 Mio. EUR kann jedoch nur in Höhe von 9 Mio. EUR aufgelöst werden, da der Pensionsfonds für den Beitrag nur 90 % der Leistungen übernimmt.

Ausweis

Pensionsverpflichtungen berühren die Bilanz, den Ergebnisausweis und den Anhang. Dieses Kapitel erklärt,

- unter welchem Posten zu passivierende Verpflichtungen aus Pensionszusagen auszuweisen sind (S. 70),
- wie die erfolgswirksame Erfassung der Verpflichtungen erfolgt (S. 71) und
- welche Angaben im Anhang erforderlich sind (S. 74).

Bilanzausweis

Pensionsrückstellung

Der nach handelsrechtlichen Grundsätzen bewertete Verpflichtungsumfang aus unmittelbaren Pensionszusagen (Sollwert der Verpflichtung) ist in der Handelsbilanz unter dem Posten „Rückstellung für Pensionen und ähnliche Verpflichtungen" (§ 266 Abs. 3 B.1. HGB) auszuweisen. Dies gilt auch, wenn die Rückstellung durch saldierungspflichtiges Deckungsvermögen gemindert wird, der Zeitwert des Deckungsvermögens insgesamt jedoch den handelsrechtlichen Sollwert der Verpflichtung nicht übersteigt. In diesem Fall wird der nach Abzug des Zeitwertes verbleibende Nettobetrag als Pensionsrückstellung passiviert. Auch Verpflichtungen aus mittelbaren Versorgungszusagen, die passiviert werden sollen, sind unter dem Posten „Rückstellung für Pensionen und ähnliche Verpflichtungen" auszuweisen.

Bei wertpapiergebundenen Zusagen ist, sofern der Zeitwert des Deckungsvermögens den Wert der garantierten Mindestleistung übersteigt, keine Pensionsrückstellung auszuweisen, da die Vermögensgegenstände und die Rückstellung in diesem Fall vollständig verrechnet werden. Nur soweit der Wert der garantierten Mindestleistung den Zeitwert übersteigt, ist eine Pensionsrückstellung zu passivieren.

Aktiver Unterschiedsbetrag aus der Vermögensverrechnung

Übersteigt der Zeitwert der Vermögensgegenstände den Betrag der Schulden, ist der übersteigende Betrag unter dem gesonderten Posten „Aktiver Unterschiedsbetrag aus der Vermögensverrechnung" (§ 266 Abs. 2 E. HGB) zu aktivieren (§ 246 Abs. 2 Satz 3 HGB).

Praxistipp

Sobald saldierungspflichtiges Deckungsvermögen vorhanden ist, sieht sich der Handelsbilanzierer erhöhten buchhalterischen Anforderungen ausgesetzt:

1 Der Kontenrahmen muss ggf. um einen weiteren Aktivposten erweitert werden.

2 Nach der Saldierung wird das Deckungsvermögen zwar nicht mehr im Anlage- oder Umlaufvermögen ausgewiesen. Dennoch muss weiterhin eine „schattenmäßige" Zuordnung für den Fall erfolgen, dass die Vermögensgegenstände wieder entwidmet werden (z. B. durch Austausch von Fondsanteilen gegen Barmittel).

3 Die fortgeführten Anschaffungs- und Herstellungskosten des Deckungsvermögens sowie Realisationsvorgänge sind in einer Schattenrechnung nachzuhalten, um die entsprechenden Anhangangaben und die ausschüttungsgesperrten Beträge ermitteln zu können.

Ergebnisausweis

Die erfolgswirksame Erfassung der Verpflichtungen aus unmittelbaren und mittelbaren Pensionszusagen verteilt sich auf das operative, das Zins- bzw. Finanzergebnis sowie das außerordentliche Ergebnis.

Aufwendungen für Altersversorgungen

Unter den „Aufwendungen für Altersversorgungen" werden in der Gewinn- und Verlustrechnung erfasst

- der periodische Dienstzeitaufwand, d.h. der Finanzierungs-aufwand für die in der Periode zusätzlich erworbene Versorgungsanwartschaft,

- die Effekte aus geänderten ökonomischen oder biometrischen Bewertungsannahmen mit Ausnahme des Rechnungszinses, wie z. B. Änderungen der Lohn-, Gehalts- und Rententrends oder der Sterbetafeln (sog. annahmenbedingte versicherungsmathematische Gewinne bzw. Verluste), sowie

- die Effekte aus Bestandsveränderungen, wie z. B. erhöhte Fluktuation, Frühverrentungen etc. (sog. erfahrungsbedingte versicherungsmathematische Gewinne bzw. Verluste).

Der Ausweis erfolgt im operativen Ergebnis.

Zinsaufwand und Erträge aus Deckungsvermögen

Nach Maßgabe des BilMoG ist der sich aus der Abzinsung der Pensionsrückstellung ergebende reguläre Zinsaufwand in der Gewinn- und Verlustrechnung unter dem Posten „Zinsen und ähnliche Aufwendungen" zu erfassen (§ 277 Abs. 5 HGB).

Ist saldierungspflichtiges Deckungsvermögen vorhanden, so müssen die daraus resultierenden Aufwendungen und Erträge mit dem Zinsaufwand verrechnet werden (§ 246 Abs. 2 Satz

2 HGB). Insoweit korrespondiert der Netto-Ausweis in der Bilanz mit dem Netto-Ausweis in der Gewinn- und Verlustrechnung. Ein nach der Verrechnung verbleibender Netto-Aufwand ist unter dem Posten „Zinsen und ähnliche Aufwendungen", ein etwaiger Netto-Ertrag unter dem Posten „Sonstige Zinsen und ähnliche Erträge" auszuweisen (§ 277 Abs. 5 HGB).

In jedem Fall erfolgt der Ausweis im Finanzergebnis.

Effekte aus der Änderung des Rechnungszinses

Die Effekte aus Rechnungszinsänderungen können sowohl als nachträglich zu erfassende Be- bzw. Entlastungen des Dienstzeitaufwands oder des Zinsaufwandes angesehen werden. Je nach Sichtweise erfolgt der Ausweis im Betriebs- oder im Zins- bzw. Finanzergebnis.

Praxistipp

Der Ausweis von Rechnungszinsänderungen im operativen Ergebnis hat gegenüber einem Ausweis im Finanzergebnis den praktischen Vorteil, dass der Aktuar den Effekt aus etwaigen Rechnungszinsänderungen nicht separat bestimmen muss. Die damit verbundenen Zusatzkosten sind insofern vermeidbar.

Allerdings muss die einmal getroffene Ausweisentscheidung aufgrund des Stetigkeitsprinzips in den Folgeperioden beibehalten werden. Dies kann insbesondere bei fallenden Rechnungszinsen zu unerwünschten Belastungen des operativen Ergebnisses führen.

Umstellungseffekte

Effekte aus der erstmaligen Anwendung des BilMoG sind grundsätzlich erfolgswirksam unter dem Posten „außerordentliche Aufwendungen" bzw. „außerordentliche Erträge" zu erfassen (Art. 67 Abs. 7 EGHGB).

Wird eine Rückstellung aufgelöst, obwohl sie nach den Sondervorschriften des BilMoG aufgrund erwarteter späterer Zuführungen beibehalten werden könnte, so ist der aus der Auflösung resultierende Betrag unmittelbar in die Gewinnrücklage einzustellen (Art. 67 Abs. 1 Satz 3 EGHGB).

Mittelbare Verpflichtungen

Die Beiträge an einen externen Versorgungsträger sind in der Gewinn- und Verlustrechnung als Personalaufwand unter dem Posten „Aufwendungen für Altersversorgung" zu erfassen. Resultieren die Aufwendungen eindeutig aus Entgeltumwandlungen des Arbeitnehmers, so kommt auch ein Ausweis unter den Aufwendungen für Löhne und Gehälter infrage.

Anhangangaben

Die Anhangangaben erfahren durch das BilMoG gegenüber dem bisherigen Umfang eine deutliche Erweiterung. Dies ist zum einen darauf zurückzuführen, dass im Falle einer Saldierung von Deckungsvermögen und Verpflichtung durch den Netto-Ausweis in der Bilanz sowie Gewinn- und Verlustrechnung grundlegende Informationen verloren gehen. Zum anderen können die Übergangsregelungen im Zusammenhang mit der BilMoG-Umstellung dazu führen, dass tatsächlicher und bilanzierter Verpflichtungsumfang voneinander abweichen, sodass zusätzlicher Informationsbedarf entsteht.

Angaben zur Bewertung der Verpflichtung

- gewähltes versicherungsmathematisches Bewertungsverfahren (§ 285 Nr. 24 HGB),

- grundlegende Bewertungsannahmen, insbesondere der Rechnungszins, die biometrischen Rechnungsgrundlagen (Sterbetafeln) sowie die erwarteten Lohn- und Gehaltssteigerungen (§ 285 Nr. 24 HGB).

Angaben zu verrechnetem Deckungsvermögen

- Anschaffungskosten und Zeitwert des verrechneten Deckungsvermögens (§ 285 Nr. 25 HGB),

- grundlegende Annahmen, die der Bestimmung des beizulegenden Zeitwertes mit Hilfe allgemein anerkannter Bewertungsmethoden zugrunde gelegt wurden (§ 285 Nr. 25 HGB i. V. m. § 285 Nr. 20 Buchstabe a HGB),

- der verrechnete Verpflichtungsumfang sowie die verrechneten Erträge und Aufwendungen aus der Verpflichtung und dem Deckungsvermögen (§ 285 Nr. 25 HGB).

Angaben zu den Umstellungseffekten

- bei Ausübung des Verteilungswahlrechtes der noch nicht erfasste Zuführungsbetrag zu den Pensionsrückstellungen (Art. 67 Abs. 2 EGHGB),

- bei Ausübung des Beibehaltungswahlrechtes die Angabe der bilanzierten Überdeckung (Art. 67 Abs. 1 Satz 4 EGHGB).

Rückstellungsspiegel

Nicht explizit gefordert, aber in der Gesetzesbegründung empfohlen wird die Erstellung eines Rückstellungsspiegels. Darin sollten die Bewegungen der Netto-Pensionsrückstellungen, aufgegliedert nach Verpflichtung und Deckungsvermögen, unter Berücksichtigung des operativen Pensionsaufwands, des regulären Zinsaufwands, des Ertrags aus etwaigem Deckungsvermögen sowie der Zahlungsströme abgebildet werden.

Nicht passivierungspflichtige Rückstellungen

Macht ein Unternehmen von dem Passivierungswahlrecht für vor dem 1. Januar 1987 erteilte unmittelbare Versorgungszusagen (sog. Altzusagen) bzw. für Mittelbare Versorgungsverpflichtungen Gebrauch, sind die nicht in der Bilanz ausgewiesenen Rückstellungen im Anhang bzw. Konzernanhang anzugeben (Art. 28 Abs. 2 EGHGB). Für den Fall, dass keine Unterdeckung aus mittelbaren Verpflichtungen besteht, ist keine Anhangangabe in Form einer Negativanzeige erforderlich.

Die Verfahren und Parameter für die Berechnung des im Anhang anzugebenden Fehlbetrages sind ebenfalls anzugeben (§§ 284 Abs. 2 Nr. 1, 285 Nr. 24 HGB).

Übergangsvorschriften für die Erstanwendung des BilMoG

Nach BilMoG bewertete Pensionsverpflichtungen werden in aller Regel nicht den bisherigen Wertansätzen entsprechen. Es ist davon auszugehen, dass die nach BilMoG-Grundsätzen ermittelten Pensionsrückstellungen um ca. 30 %, teilweise auch mehr, über dem steuerlichen Teilwert liegen.

In diesem Kapitel wird dargestellt,

- ab wann die Regelungen des BilMoG erstmals anzuwenden sind (S. 78),
- wie bei einer Erhöhung der Rückstellung (S. 79) und
- wie bei einer Verminderung der Rückstellung vorzugehen ist (S. 84).

Übergang vom altem auf das neue Handelsrecht

Erstanwendung des BilMoG

Das BilMoG ist am 29. Mai 2009 in Kraft getreten. Die durch das BilMoG im Handelsrecht verankerten Änderungen sind verpflichtend erstmals in der Handelsbilanz des Geschäftsjahres zu berücksichtigen, das nach dem 31. Dezember 2009 beginnt. Eine frühere Anwendung der Neuregelungen ist zulässig, dann jedoch insgesamt. Eine nur teilweise vorzeitige Anwendung ist insofern ausgeschlossen.

Entspricht das Wirtschaftsjahr dem Kalenderjahr, muss die Handelsbilanz erstmals zum 31. Dezember 2010 sowie für das Geschäftsjahr 2010 eine Gewinn- und Verlustrechnung nach den neuen handelsrechtlichen Grundsätzen aufgestellt werden. Bei Unternehmen mit einem vom Kalenderjahr abweichenden Geschäftsjahr, verschiebt sich der Erstanwendungszeitpunkt entsprechend nach hinten.

Umstellungszeitpunkt

Die neuen handelsrechtlichen Vorschriften sind grundsätzlich prospektiv anzuwenden. Der Umstellungszeitpunkt ist der Beginn des ersten BilMoG-Geschäftsjahres, für Unternehmen mit Bilanzstichtag 31. Dezember also der 1. Januar 2010.

Der sich für Pensionsverpflichtungen ergebende Unterschiedsbetrag kann entweder auf den Beginn oder das Ende des ersten BilMoG-Geschäftsjahres ermittelt werden. Zweckmäßigerweise erfolgt die Ermittlung zum Umstellungszeitpunkt, also zum Beginn des Geschäftsjahres. Bei der Ermittlung zum Ende des Geschäftsjahres müssen die regulären Zuführungen retrospektiv nach BilMoG-Grundsätzen geschätzt und von dem ermittelten Betrag abgezogen werden. Nur so ist sichergestellt, dass der reguläre Pensionsaufwand im ersten BilMoG-Geschäftsjahr auch nach BilMoG-Grundsätzen ermittelt wird.

Erfassung der Umstellungseffekte

Sämtliche Umstellungseffekte sind zum Umstellungszeitpunkt grundsätzlich ergebniswirksam zu erfassen. Für Rückstellungen im Allgemeinen und Pensionsverpflichtungen im Besonderen gelten jedoch die nachfolgend beschriebenen Sonderregelungen.

Vorgehensweise bei Erhöhung der Rückstellungen

Verteilungswahlrecht

Die Neuregelungen des BilMoG können zu einem Anstieg der Pensionsrückstellungen um bis zu 30 %, bei Anwärterbeständen auch darüber hinaus führen.

Beispiel 1

 Kein Deckungsvermögen vorhanden, Erhöhung der Verpflichtung, sofortige Zuführung des Unterschiedsbetrags.

Verpflichtungsumfang HGB-alt 31.12.09		1.000
Verpflichtungsumfang HGB-neu 01.01.10		1.300
Unterschiedsbetrag 01.01.10		300
Verpflichtungsumfang 31.12.10 (Anhangangabe)		1.270

Überleitung des Bilanzansatzes

Pensionsrückstellung 01.01.10		1.000
Aufwand für Altersversorgung GJ 2010	(operatives Ergebnis)	105
Zinsaufwand GJ 2010	(Finanzergebnis)	65
Leistungszahlungen GJ 2010		– 200
Zuführung Unterschiedsbetrag GJ 2010	(außerordentl. Ergebnis)	300
Pensionsrückstellung 31.12.10		1.270
Noch nicht zugeführter Unterschiedsbetrag	(Anhangangabe)	0

Daher hat der Gesetzgeber die Möglichkeit geschaffen, einen etwaigen, aus den geänderten Bewertungsvorschriften resultierenden Zuführungsbetrag über einen Zeitraum von maximal 15 Jahren, spätestens bis zum 31.12.2024 anzusammeln (Verteilungswahlrecht; Art. 67 Abs. 1 Satz 1 EGHGB).

Verteilung des Zuführungsbetrages

In jedem Geschäftsjahr muss mindestens 1/15 des Unterschiedsbetrages zugeführt werden. Ansonsten dürfen die Jahresraten jährlich frei festgelegt werden.

Beispiel 2

 Kein Deckungsvermögen vorhanden, Erhöhung der Verpflichtung, Zuführung von 1/15 des Unterschiedsbetrags.

Verpflichtungsumfang HGB-alt 31.12.09	1.000
Verpflichtungsumfang HGB-neu 01.01.10	1.300
Unterschiedsbetrag 01.01.10	300
Verpflichtungsumfang 31.12.10 (Anhangangabe)	1.270

Überleitung des Bilanzansatzes

Pensionsrückstellung 01.01.10		1.000
Aufwand für Altersversorgung GJ 2010	(operatives Ergebnis)	105
Zinsaufwand GJ 2010	(Finanzergebnis)	65
Leistungszahlungen GJ 2010		– 200
Zuführung Unterschiedsbetrag GJ 2010	(außerordentl. Ergebnis)	20
Pensionsrückstellung 31.12.10		990
Noch nicht zugeführter Unterschiedsbetrag	(Anhangangabe)	280

Die erfolgswirksame Verteilung des Zuführungsbetrags endet, sobald zu einem Abschlussstichtag innerhalb des Anpassungszeitraums der Sollwert der Verpflichtung (Verpflichtungsumfang gem. § 253 Abs. 1 Satz 2, Abs. 2 HGB) erreicht ist.

Vermögensgedeckte Verpflichtungen

Liegt saldierungspflichtiges Deckungsvermögen (§ 246 Abs. 2 HGB) vor, so mindert dieses einen etwaigen Zuführungsbedarf auf der Verpflichtungsseite.

Beispiel 3

 Deckungsvermögen vorhanden, Erhöhung der Verpflichtung, Zuführung von 1/15 des Unterschiedsbetrags.

Verpflichtungsumfang HGB-alt 31.12.09	1.000
Aktivierter Vermögenswert 31.12.09	440
Verpflichtungsumfang HGB-neu 01.01.10	1.300
Zeitwert des Deckungsvermögens 01.01.10	500
Unterschiedsbetrag 01.01.10 (= (1.300 – 500) – (1.000 – 440))	240
Verpflichtungsumfang 31.12.10 (Anhangangabe)	1.270
Zeitwert des Deckungsvermögens 31.12.10 (Anhangangabe)	550

Überleitung des Bilanzansatzes

Pensionsrückstellung 01.01.10 (= 1.300 – 500 – 240)		560
Aufwand für Altersversorgung GJ 2010	(operatives Ergebnis)	105
Zinsaufwand GJ 2010	(Finanzergebnis)	65
Leistungszahlungen GJ 2010		– 200
Vermögensertrag GJ 2010	(Finanzergebnis)	– 50
Zuführung Unterschiedsbetrag GJ 2010	(außerordentl. Ergebnis)	16
Pensionsrückstellung 31.12.10		496
Noch nicht zugeführter Unterschiedsbetrag	(Anhangangabe)	224

Der Unterschiedsbetrag ergibt sich insoweit aus dem Zuführungsbetrag nach Abzug etwaiger Bewertungsreserven auf das Deckungsvermögen als Netto-Betrag.

Gesamtbetrachtung

Der Unterschiedsbetrag ist grundsätzlich für jede einzelne Verpflichtung gesondert zu ermitteln (Einzelbewertungsprinzip). Liegt saldierungspflichtiges Deckungsvermögen vor, das der Verpflichtung pauschal gegenübersteht, ist eine personenindividuelle Zuordnung des resultierenden Netto-Unterschiedsbetrags i. d. R. nicht mehr möglich. Daher ist es handelsrechtlich nicht zu beanstanden, wenn der Unterschiedsbetrag für den jeweiligen Verpflichtungsbestand insgesamt als Summe der individuellen Unterschiedsbeträge ermittelt und als Gesamtbetrag verteilt wird.

Spätere Änderungen des Verpflichtungsbestandes

Der einmal ermittelte Unterschiedsbetrag wird festgehalten. Insbesondere erfolgt in der Folgezeit keine retrospektive Anpassung für den Fall, dass die Bewertungsannahmen angepasst werden sollten.

Führen Wertänderungen der Pensionsrückstellung wegen eines geänderten Verpflichtungsbestandes zu einer Verminderung der Rückstellung, können sie mit dem ausstehenden, noch nicht zugeführten Verteilungsbetrag verrechnet werden, sodass es insoweit nicht zu einer Rückstellungsauflösung kommt.

Verpflichtend ist eine solche Verrechnung jedoch nicht. Es entspricht ebenfalls vernünftiger kaufmännischer Beurteilung, in diesen Fällen nur den anteilig auf den wegfallenden Verpflichtungsbestand entfallenden Verteilungsbetrag sofort zu erfassen und die Ansammlung des auf den verbleibenden Verpflichtungsbestand entfallenden Verteilungsbetrags unverändert fortzuführen.

Entfällt die Versorgungsverpflichtung während des Ansammlungszeitraums ganz, ist die Pensionsrückstellung aufzulösen und der anteilige Unterschiedsbetrag aus der Erstanwendung des BilMoG aufwandsmäßig zu erfassen.

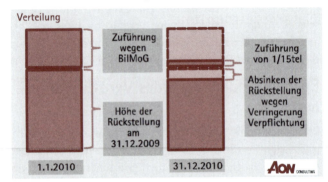

Vorgehensweise bei Verringerung der Rückstellung

Beibehaltungswahlrecht

Die Bewertung aufgrund des BilMoG kann auch zu einer Auflösung der Rückstellung führen. Dieser Fall kann z. B. bei beitragsorientierten Kapitalzusagen auftreten, die bislang nach dem Teilwertverfahren bewertet wurden, oder bei Zusagen, die in der Handelsbilanz bislang mit einem deutlich über dem steuerlichen Teilwert liegenden Wertansatz passiviert wurden.

Insoweit der aufzulösende Betrag bis spätestens zum 31. Dezember 2024 wieder zugeführt werden müsste, darf die alte Rückstellung beibehalten werden (Beibehaltungswahlrecht; Art. 67 Abs. 1 Satz 2 EGHGB).

Die Beurteilung, ob eine Rückstellung beibehalten werden darf, erfolgt nicht nur einmalig zum Umstellungs-, sondern laufend zu jedem Abschlussstichtag.

Gesamtbetrachtung

Für die Beurteilung, ob der aufzulösende Betrag bis zum 31. Dezember 2024 wieder zugeführt werden müsste, ist eine Gesamtbetrachtung zulässig, d. h. Auflösungen und spätere Zuführungen müssen sich nicht auf dieselbe einzelne Verpflichtung oder Gruppe von Verpflichtungen beziehen. Auch Zuführungen für nach dem Umstellungszeitpunkt erteilte Zusagen dürfen in die Betrachtung einbezogen werden.

Beibehaltung der Rückstellung

Wird von dem Beibehaltungswahlrecht gem. Artikel 67 Abs. 1 Satz 2 EGHGB Gebrauch gemacht, wächst der nach den aktuellen handelsrechtlichen Grundsätzen ermittelte Verpflichtungsumfang durch dienstzeit- und zinsbedingte Zuführungen sukzessive gegen die beibehaltene Rückstellung, welche sich lediglich durch Leistungszahlungen (Rückstellungsverbrauch) buchhalterisch vermindert. Bei Erreichen der beibehaltenen Rückstellung erfolgt der Übergang auf den nach den aktuellen handelsrechtlichen Grundsätzen ermittelten Sollwert des Verpflichtungsumfangs.

Auflösung der Rückstellung

Wird das Beibehaltungswahlrecht nicht ausgeübt, sondern die Rückstellung aufgelöst, sind die aus der Auflösung beibehaltungsfähiger Rückstellungen resultierenden Beträge unmittelbar in die Gewinnrücklagen einzustellen (Art. 67 Abs. 1 Satz 3 EGHGB). Nur derjenige Teil des Auflösungsbetrages, der bis zum 31. Dezember 2024 definitiv nicht wieder hätte zugeführt werden müssen, ist erfolgswirksam zu erfassen.

Beispiel 4

Kein Deckungsvermögen vorhanden, Verminderung der Verpflichtung, Ausübung des Beibehaltungswahlrechts.

Verpflichtungsumfang HGB-alt 31.12.09 (= Rückstellung 31.12.09)	1.700
Verpflichtungsumfang HGB-neu 01.01.10	1.300
Unterschiedsbetrag 01.01.10	– 400
Verpflichtungsumfang HGB-neu 31.12.10	1.270

Überleitung des Bilanzansatzes

Pensionsrückstellung 01.01.10 (Beibehaltung der Rückstellung 31.12.09)	1.700
Leistungszahlungen GJ 2010	– 200
Pensionsrückstellung 31.12.10	1.500

(weitere Beibehaltung der um Leistungszahlungen reduzierten beibehaltenen Rückstellung, da BilMoG-Verpflichtungsumfang 31.12.10 mit 1.270 noch immer darunter liegt)

Überdeckung 01.01.10 (= 1.700 – 1.300)	(Anhangangabe)	400
Überdeckung 31.12.10 (= 1.500 – 1.270)	(Anhangangabe)	230

BilMoG-Gutachten

Da in der Handelsbilanz der steuerliche Teilwert der Pensionsrückstellung nicht mehr übernommen werden kann, ist eine gesonderte handelsrechtliche Bewertung erforderlich.

In diesem Kapitel wird gezeigt,

- welchen Mindestumfang ein versicherungsmathematisches Gutachten haben sollte (S. 88) und

- welche zusätzlichen Informationen nützlich sein können (S. 89).

Mindestumfang

Die Übernahme des steuerlichen Teilwertes für die Handelsbilanz ist künftig nicht mehr möglich. Neben der steuerlichen Bewertung und ggf. der Bewertung nach internationalen Rechnungslegungsvorschriften ist damit auch eine gesonderte handelsrechtliche Bewertung erforderlich.

Zu diesem Zweck erstellen versicherungsmathematische Sachverständige (Aktuare) entsprechende Gutachten. Diese Gutachten müssen im Mindestumfang folgende Angaben enthalten:

- Sollwert des Verpflichtungsumfangs zum Bilanzstichtag,
- Sollwert der Verpflichtung zum Umstellungszeitpunkt,
- Angaben zu der verwendeten Bewertungsmethode,
- Angaben zu den verwendeten Bewertungsannahmen, mindestens zum Rechnungszins, zur Sterbetafel sowie zur erwarteten Entwicklung der Bemessungsgrundlagen (z. B. Gehalts- und Rententrend).

Jeder Bilanzierende sollte sich jedoch die Frage stellen, ob er in der Lage ist, daraus selbst alle weiteren Informationen abzuleiten, die für eine korrekte Abbildung der Pensionsverpflichtungen im handelsrechtlichen Jahresabschluss erforderlich sind.

Zusätzliche Informationen

Viele Unternehmen kommen mit der Pensionsbilanzierung vornehmlich nur einmal im Jahr im Rahmen der Abschlusserstellung in Berührung. Diese Unternehmen stehen vor großen Herausforderungen, wenn sie aus den vorgenannten Mindestangaben alle bilanz- und buchungsrelevanten Informationen selbst ableiten wollen.

Die Aktuare müssen den praktischen Umgang mit den Neuregelungen zwar ebenfalls noch lernen, stecken aber naturgemäß tiefer in der Materie, da sie täglich damit umgehen.

Praxistipp

Bei der Wahl des versicherungsmathematischen Gutachters sollten Kenntnis und Verständnis der neuen handelsrechtlichen Vorschriften zur Pensionsbilanzierung nach BilMoG ein wesentliches Auswahlkriterium sein.

Unternehmen, die sich hinsichtlich der genauen Anwendung der neuen Vorschriften nicht sicher fühlen, sollten weitere Angaben im nachfolgend beschriebenen Leistungsumfang durch den Gutachter aufbereiten lassen. Dafür müssen dem Gutachten ggf. weitere Informationen (z. B. Rentenzahlungen, Zuführungen zum und Entnahmen aus dem Deckungsvermögen etc.) zur Verfügung gestellt werden.

Die folgenden zusätzlichen Informationen in einem versicherungsmathematischen Gutachten können für die Bilanzierer eine große Hilfe sein.

Netto-Verpflichtungsumfang (Sollwert)

- Angabe des beizulegenden Zeitwertes etwaigen saldierungspflichtigen Deckungsvermögens

- Angabe des Sollwertes der Nettoverpflichtung als Differenz aus dem Sollwert der Verpflichtung und dem beizulegenden Zeitwert des Deckungsvermögens.

Unterschiedsbetrag

- Ermittlung des Unterschiedesbetrages zum Umstellungszeitpunkt

- Angabe des zu Beginn der Periode noch nicht zugeführten Unterschiedsbetrages

- Angabe des Mindestzuführungsbetrags bzw. des maximal möglichen Zuführungsbetrags in der abgelaufenen Periode

- Angabe des beibehaltungsfähigen Unterschiedsbetrages

Bilanz bzw. Gewinn- und Verlustrechnung

- Ableitung des Bilanzansatzes (falls die Verteilung des Unterschiedsbetrages zum Zeitpunkt der Gutachtenerstellung bereits feststeht) bzw. der möglichen Bilanzansätze für die Pensionsrückstellung

- Aufteilung des Pensionsaufwands in „Aufwendungen für Altersversorgung", „Zinsen und ähnliche Aufwendungen", „Sonstige Zinsen und ähnliche Erträge" „außerordentliche Aufwendungen" und „außerordentliche Erträge"

- Zuordnung der Komponenten zu den jeweiligen Ergebnisarten

Rückstellungsspiegel

- Entwicklung des Sollwerts der Verpflichtung
- Entwicklung des Zeitwertes etwaigen Deckungsvermögens
- Entwicklung eines etwaigen Verteilungsbetrages bzw. eines etwaigen Beibehaltungsbetrages sowie
- Entwicklung des Bilanzansatzes vom Beginn des Geschäftsjahres auf das Ende des Geschäftsjahres

Abkürzungsverzeichnis

BaFin	Bundesanstalt für Finanzdienstleistungsaufsicht
BetrAVG	Betriebsrentengesetz
BilMoG	Bilanzrechtsmodernisierungsgesetz v. 25.5.2009, BGBl. I 2009, 1102
CTA	Contractual Trust Arrangement
EGHGB	Einführungsgesetz zum Handelsgesetzbuch
EStG	Einkommensteuergesetz
HGB	Handelsgesetzbuch
IAS	International Accounting Standards
IDW	Institut der Wirtschaftsprüfer
IFRS	International Financial Reporting Standards
InsO	Insolvenzordnung
PSV	Pensionssicherungsverein, Versicherungsverein auf Gegenseitigkeit
RückAbzinsV	Rückstellungsabzinsungs-Verordnung v. 18.11.2009, BGBl. I 2009, S. 3790
SGB IV	Viertes Buch Sozialgesetzbuch

Literaturhinweise

Höfer/Rhiel/Veit — Die Rechnungslegung für betriebliche Altersversorgung im Bilanzrechtsmodernisierungsgesetz (BilMoG), DB 2009, S. 1605

Lucius — BilMoG nach der Verabschiedung des Gesetzes – Bewertung und Bilanzierung von Pensionsverpflichtungen in der Praxis, BetrAV 2009, S. 520

Lucius — Pensionsverpflichtungen – Finanzierung, Bewertung und Bilanzierung, in: Handbuch zur Altersvorsorge, 5. J., 2009

Lucius/Veit — Bilanzierung von Altersversorgungsverpflichtungen in der Handelsbilanz nach IDW ERS HFA 30, BB 2010, S. 235

Lucius/Veit — Bilanzierung von Versorgungsverpflichtungen nach neuem Handelsrecht, in: Jähnig (Hrsg.), Kompendium betriebliche Altersversorgung 2010, S. 32

Rhiel — Der Entwurf des IDW zur Bilanzierung von Altersversorgungsverpflichtungen nach dem BilMoG (IDW ERS HFA 30) vom 27.11.2009, StuB 2010, S. 131

Rhiel/Veit — Auswirkungen des BilMoG bei der Bilanzierung von Pensionsrückstellungen, PiR 2009, S. 167

Stichwortverzeichnis

Bibliografische Information der Deutschen Nationalbibliothek
Die Deutsche Nationalbibliothek verzeichnet diese Publikation in der Deutschen National-
bibliografie; detaillierte bibliografische Daten sind im Internet über http://dnb.d-nb.de
abrufbar.

ISBN 978-3-648-00146-2
Bestell Nr. 00996-0001

© 2010, Haufe-Lexware GmbH & Co. KG, Munzinger Straße 9, 79111 Freiburg
Redaktionsanschrift: Fraunhoferstraße 5, 82152 Planegg/München
Telefon: (089) 895 17-0
Telefax: (089) 895 17-290
www.haufe.de
online@haufe.de
Lektorat: Jürgen Fischer

Umschlaggestaltung: Simone Kienle, 70182 Stuttgart
Umschlagentwurf: Agentur Buttgereit & Heidenreich, 45721 Haltern am See
Desktop-Publishing: Agentur: Satz & Zeichen, Karin Lochmann, 83129 Höslwang
Druck: freiburger graphische betriebe, 79108 Freiburg